AF253098

DE LA SOCIABILITÉ.

Par M. l'Abbé PLUQUET.

Quæsita virtus est, non quæ naturam relinqueret, sed quæ tueretur. Cic. de finib. lib. 4.

TOME SECOND.

A PARIS,

Chez BARROIS, Quai des Augustins.

M. DCC. LXVII.

Avec Approbation & Privilège du Roi.

TABLE

Des Sections & des Chapitres.

SECTION III.

SECTION IV.

TABLE.

TABLE.

TABLE.

vent, ni rendre douteuse l'existence des principes de sociabilité dans l'homme, ni autoriser à le juger naturellement féroce & méchant. 313.

Fin de la Table du Tome II.

APPROBATION.

J'ai lu par ordre de M. le Vice-Chancelier, un Manuscrit qui a pour titre : *De la Sociabilité*. Cet Ouvrage, rempli de la plus saine morale, m'a paru devoir réunir l'estime & les suffrages du Public. Fait à Paris ce 20 Octobre 1766. *Signé* ALBARET.

PRIVILEGE DU ROI.

LOUIS, par la grace de Dieu, Roi de France & de Navarre : A nos amés & féaux Conseillers, les Gens tenant nos Cours de Parlement, Maîtres des Requêtes ordinaires de notre Hôtel, Grand Conseil, Prevôt de Paris, Baillifs, Sénéchaux, leurs Lieutenans Civils & autres nos Justiciers qu'il appartiendra, SALUT. Notre amé Marie-Jacques BARROIS, Libraire, Nous a fait exposer qu'il desireroit faire imprimer & donner au Public un Manuscrit, intitulé : *De la Sociabilité*, par M. l'*Abbé Pluquet*, s'il Nous plaisoit lui accorder nos Lettres de Privilége pour ce nécessaires. A CES CAUSES, voulant favorablement traiter l'Exposant, Nous lui avons permis & permettons par ces Présentes, de faire imprimer ledit Ouvrage autant de fois que bon lui semblera, & de le vendre, faire vendre & débiter par-tout notre Royaume, pendant le temps de six années consécutives, à compter du jour de la date des Présentes. Faisons défenses à tous Imprimeurs, Libraires, & autres personnes, de quelque qualité & condition qu'elles soient, d'en introduire d'impression étrangere dans aucun lieu de notre obéissance : comme aussi d'imprimer, ou faire imprimer, vendre, faire vendre, débiter, ni contrefaire ledit Ouvrage, ni d'en faire aucun extrait sous quelque prétexte que ce puisse être, sans la permission expresse & par écrit dudit Exposant, ou de ceux qui auront droit de lui, à peine de confiscation des Exemplaires contrefaits, de trois mille livres d'amende contre chacun des contrevenans, dont un tiers à Nous, un tiers à l'Hôtel-Dieu de Paris, & l'autre tiers audit Exposant, ou à celui qui aura droit de lui, & de tous dépens, dommages & intérêts ; à la charge que ces Présentes seront

enregistrées tout au long sur le registre de la Communauté
des Imprimeurs & Libraires de Paris, dans trois mois de
la date d'icelles; que l'impression dudit Ouvrage sera faite
dans notre Royaume & non ailleurs, en beau papier &
beaux caractères, conformément aux Réglemens de la
Librairie, & notamment à celui du 10 Avril 1725, à peine
de déchéance du présent Privilége; qu'avant de l'exposer
en vente, le manuscrit qui aura servi de copie à l'impression dudit Ouvrage, sera remis dans le même état où l'Approbation y aura été donnée, ès mains de notre très-cher
& féal Chevalier, Chancelier de France, le sieur DE LA-
MOIGNON, & qu'il en sera ensuite remis deux Exemplaires
dans notre Bibliothèque publique, un dans celle de notre
Château du Louvre, un dans celle de notredit sieur DE
LAMOIGNON, & un dans celle de notre très-cher & féal
Chevalier, Vice-Chancelier & garde des Sceaux de France,
le sieur DE MAUPEOU : le tout à peine de nullité des Présentes; du contenu desquelles vous mandons & enjoi-
gnons de faire jouir ledit Exposant & ses ayans causes,
pleinement & paisiblement, sans souffrir qu'il leur soit
fait aucun trouble ou empêchement. Voulons que la copie des Présentes qui sera imprimée tout au long, au commencement ou à la fin dudit Ouvrage, soit tenue pour
duement signifiée, & qu'aux copies collationnées par l'un
de nos amés & féaux Conseillers-Secrétaires, foi soit
ajoutée comme à l'original. Commandons au premier
notre Huissier ou Sergent sur-ce requis, de faire pour
l'exécution d'icelles, tous actes requis & nécessaires, sans
demander autre permission, & nonobstant clameur de
haro, Charte Normande & Lettres à ce contraires; car
tel est notre plaisir. Donné à Versailles le dix-huitième
jour du mois de Février, l'an de grace mil sept cent
soixante-sept, & de notre Regne le cinquante-deuxiè-
me. Par le Roi en son Conseil.

LE BEGUE.

*Registré sur le Registre XVII de la Chambre
Royale & Syndicale des Libraires & Imprimeurs de
Paris, N.º 1299, folio 166, conformément au Ré-
glement de 1723. À Paris ce 6 Mars 1767.*

GANEAU, Syndic.

DE LA SOCIABILITÉ.

SECTION TROISIEME.

De l'origine des principes de sociabilité que nous avons découverts dans l'homme, & de l'obligation qu'ils imposent.

LA cause productrice de l'homme, est aussi le principe de ses besoins essentiels, & de ses obligations naturelles : nous ne l'avons d'abord considérée, que

Tome II.   A

comme une force motrice qui
arrangeoit la matiere, & qui en
tiroit les élemens, les aftres, la
terre, les plantes & les animaux;
ces vues fuffifoient alors au def-
fein que nous avions de faire un
examen impartial de l'homme,
& de rejetter comme des notions
fauffes ou incertaines, tout ce que
nous avions penfé fur fon origine,
fur fa nature & fur fa deftina-
tion. Maintenant nous ne pouvons
nous tenir à cette notion vague,
ou à cette premiere fuppofition;
la reconnoiffance, l'amour de
notre bonheur, la raifon ne nous
permettent pas de refter dans cet
état d'ignorance : il faut être ftu-
pide ou infenfé pour ne pas de-
firer de connoître une puiffance,
qui, en donnant l'exiftence à
l'homme, l'a foumis à tous les
befoins qu'il éprouve, & a tout
arrangé fur la terre, pour qu'il
puiffe les fatisfaire; qui a dépofé

Section III.

dans son cœur le germe de toutes les vertus sociales , & le desir
de l'immortalité ; qui en lui donnant la mémoire, la faculté de
raisonner, le desir de connoître,
a tout arrangé dans les phénomènes de la nature ; dans l'organisation de son corps, dans la multitude & dans le développement
de ses besoins & de ses inclinations pour élever son ame à l'idée
d'une intelligence suprême rému-
neratrice de la vertu , & venge-
resse du crime.

Nous sommes portés naturellement à croire que la cause productrice de l'homme, est une intelligence suprême qui a créé le
monde , & qui le gouverne ; mais
c'est peut-être une illusion naturelle à l'esprit humain, un préjugé que la raison condamne : Spinosa, Hobbes, & d'autres Philosophes l'ont pensé. Défions nous
donc de ce penchant, & ne nous

reposons pas sur les idées auxquelles il nous conduit par rapport à la cause productrice de
l'homme : pour la connoître, sui-
vons la méthode que nous avons
suivie pour découvrir les principes de la Sociabilité : approchons-
nous de cette force qui tire du
sein de la matiere les astres, la
terre, les plantes & les animaux :
examinons-la dans ces différentes
opérations ; interrogeons, pour
ainsi dire, tous ces êtres ; & n'at-
tribuons à cette force motrice,
que ce que l'évidence des faits,
& la raison nous forceront de lui
attribuer.

Le mouvement qui forme les
astres, le ciel, la terre & les animaux, n'est point essentiel à la
matiere dont les corps sont formés ; la force motrice n'est donc
ni la matiere, ni une de ses propriétés ; elle existe dans un être
essentiellement différent.

Si le mouvement n'eſt point
eſſentiel à la matiere, il ne lui eſt
point eſſentiel qu'elle ſoit mûe
avec un degré de force, ou avec
dix, vers un côté plutôt que vers
un autre ; la force motrice n'étoit
point déterminée néceſſairement
à la mouvoir avec un degré de
force, plutôt qu'avec un autre ;
car alors, elle auroit mû toutes
les autres parties de la matiere
avec ce degré de force : elle n'é-
toit point déterminée par ſa nature à la mouvoir vers un côté,
plutôt que vers un autre ; car
alors, toutes les parties de la matiere ſe ſeroient mûes dans le
même ſens & vers le même côté : le monde n'exiſteroit point :
car pour produire les aſtres, la
terre & les animaux, il a fallu
donner aux différentes parties de
la matiere un nombre infini de
directions, de figures & des vî-
teſſes différentes : il a donc fallu

qu'entre un nombre infini de directions, de figures, de vîtesses différentes dont chaque partie de matiere étoit susceptible, la force motrice se soit déterminée à une par choix & avec liberté. Car il n'y a que le choix d'une intelligence libre, qui puisse déterminer à se mouvoir avec un certain dégré de force & vers un certain côté, une matiere qui pouvoit se mouvoir ou ne se mouvoir pas, se mouvoir avec une infinité de dégrés, & vers une infinité de côtés différents.

Attribuer cette détermination au hazard, c'est dire qu'une chose est, sans qu'il y ait aucune raison pour qu'elle soit.

Non-seulement il y a des corps, il y a des esprits essentiellement distingués de la matiere. Ces esprits connoissent les corps, ils éprouvent différents sentiments, selon que les organes du corps

font affectés. C'est la force motrice qui a mis entre ces esprits & les
corps ces rapports qui pouvoient
ne pas exister, puisque les corps
& les esprits font des substances
essentiellement distinguées. Ainsi
toutes les opérations de la force
motrice qui a produit l'homme,
supposent qu'elle est une intelligence qui veut & qui se détermine avec connoissance, & librement.

Tout est lié dans le système
physique de la nature, toutes les
parties de la matiere agissent les
unes sur les autres. Pour former
la terre, les hommes & les animaux tels qu'ils font, il ne suffi-
soit pas d'agir sur le globe terres-
tre & sur l'atmosphère qui l'environne. Un dégré de masse ou de
mouvement de plus ou de moins
dans les différentes parties de la
matiere qui compose les astres,
ou qui remplit l'espace immense

dans lequel ils se meuvent, chan-
geoit tous les phénomènes. L'intelligence qui a formé l'homme,
a donc agi sur toutes les parties
de la matiere que le monde renferme, & elle a produit dans ces
corps la figure & le mouvement
qu'elle a voulu.

C'est cette même intelligence
qui a mis entre les sentiments
de l'ame & les mouvements des
corps, les rapports que nous y
voyons. L'intelligence qui a formé le monde & l'homme, produit
donc dans tous les esprits, les sentiments qu'elle veut, elle est toute
puissante sur les corps & sur les
esprits. Nous avons prouvé toutes
ces vérités plus au long dans l'examen du Fatalisme.

Ces esprits & ces corps sur lesquels l'intelligence productrice
du monde agit avec tant d'empire, ne sont point éternels, ils n'e-
xistent point par eux-mêmes, ou

par la néceffité de leur nature : car ils feroient fouverainement parfaits ; ils auroient toutes les perfections poffibles. Les efprits & les corps ont donc été créés, & ils l'ont été par l'intelligence productrice du monde, puifqu'elle les a fait exifter par-tout ou elle a voulu, & qu'elle a déterminé leurs propriétés & leurs qualités différentes.

L'intelligence qui a formé les organes de l'homme a donc auffi donné l'exiftence à fon efprit & à tous les corps, mais elle ne l'a point reçue : car il eft impoffible que tout ait été créé, ou foit forti du néant, il faut néceffairement qu'il y ait un Etre exiftant par lui-même, qui n'ait point reçu l'exiften-ce, & qui l'ait donnée à tout ce qui l'a reçue. L'intelligence pro-ductrice de l'homme & du mon-de exifte donc par la néceffité de fa nature, elle eft eternelle, toute-

puiſſante & ſouverainement parfaite.

Nous ne nous étendons pas
davantage ſur les principes méta-
phyſiques qui prouvent l'exiſtence
de cette intelligence toute-puiſ-
ſante; nous les avons traités avec
beaucoup d'étendue dans l'examen du Fataliſme.

Ainſi la métaphyſique & la raiſon nous conduiſent à l'intelligence ſuprême, à laquelle nos beſoins, nos inclinations & les phénomènes nous élevent.

Les hommes n'ont pas toujours
ſuivi les lumieres de la raiſon &
les inſpirations de la nature dans
la recherche de leur origine, &
dans l'étude de la cauſe productrice du monde; beaucoup de
philoſophes l'ont régardée comme
une cauſe aveugle & néceſſaire.

Ce ſeroit ici le lieu de répondre à leurs difficultés, mais comme nous avons recherché dans

l'examen du Fatalisme les causes de leurs erreurs, exposé leurs syftêmes, & réfuté leurs principes; nous prions qu'il nous soit permis de renvoyer à cet ouvrage, les lecteurs qui désireront une connoiſſance plus étendue des difficultés qui combattent la vérité que nous venons d'établir, & de leur réfutation. Nous expoſons dans le premier Volume tous les ſyſtêmes du Fatalisme, qui ſe ſont formés depuis la naiſſance de la philoſophie juſqu'à notre ſiécle, & nous les avons reduits à deux, dont un ſuppoſe qu'il n'y a dans le monde qu'un ſeul Etre, une ſeule ſubſtance dans laquelle existent tous les corps & tous les eſprits, & dont ils ſont des modifications. Le ſecond ſuppoſe une infinité de corps & de ſubſtances qu'une force motrice arrange, & dont elle forme tous les phénomènes & l'homme. Nous avons

fait rentrer dans ces deux systê-
mes, & nous avons réfuté dans
le second & dans le troisieme Volume tout ce que nous avons cru
qu'on pouvoit dire en faveur du fatalisme, & contre l'existence d'une
intelligence toute-puissante qui a
créé tout librement, & qui gouverne le monde avec sagesse.

C'est l'intelligence créatrice
qui a produit l'organisation de
l'homme : c'est elle qui a donné
à la matiere une infinité de formes & de mouvements différents,
sans lesquels le corps humain ne
peut exister. L'organisation de
l'homme est donc l'effet d'une
volonté particuliere de l'intelligence créatrice, elle n'est point
la suite d'une loi générale.

La disposition des organes est
telle qu'elle porte au cerveau toutes les impressions des corps extérieurs. L'intelligence créatrice a
uni à cette partie du corps hu-

main une ame , & elle a établi
que les impreffions faites fur le
cerveau produiroient dans l'ame
du plaifir ou de la douleur , felon
qu'elles feroient utiles ou contraires à la confervation du corps.

Dans ce même corps , il y a
des organes qui portent au cerveau , non-feulement l'image des
autres hommes , mais encore l'expreffion de la douleur ou du plaifir qu'ils éprouvent.

Cette image de la fouffrance
ou du plaifir des autres ne s'y grave point comme celle d'un fruit
agréable ou défagréable : elle produit dans le fpectateur un fentiment de plaifir ou de douleur , de
trifteffe ou de joie ; ainfi pour
rendre l'homme capable du fentiment de l'humanité , il a fallu
des organes différents de ceux qui
font deftinés à produire les fenfa-
tions.

Le fentiment de l'humanité dé-

pendoit donc d'une organifation
particuliere qui a été déterminée
& choifie par l'intelligence créatrice, elle a donc voulu qu'il fût
bienfaifant & compatiffant, qu'il
fouffrît lorfqu'il feroit du mal, &
qu'il reffentît du plaifir lorfqu'il
foulageroit un malheureux. Elle
a donc attaché des peines à la
méchanceté, & des récompenfes
à la bienfaifance & à la fenfibilité
compatiffante. L'inclination naturelle qui porte l'homme à aimer
fon femblable, & la répugnance
à lui faire du mal font donc des
loix prefcrites par l'intelligence
créatrice.

L'homme aime tout ce qui contribue à la confervation de fon
corps, mais il n'aime pas fon bienfaiteur, comme le fruit qui le
nourrit, ou qui eft d'un goût
agréable. Il falloit pour le rendre reconnoiffant qu'il y eût dans
l'homme une difpofition différen-

ce de la sensibilité. La reconnoissance n'est pas une suite des loix
qui ont produit des êtres sensibles, c'est l'objet d'une détermination & d'une volonté particuliere, de l'intelligence créatrice,
qui a voulu que l'homme fût reconnoissant, comme elle a voulu qu'il
fût bienfaisant.

Ce que nous avons dit de l'humanité, de la bienfaisance, & de
la reconnoissance, il faut le dire de
tous les principes de sociabilité.

Il en est un qui fait que l'homme se condamne lui même, lorsqu'il a été injuste ou inhumain ;
il éprouve des remords, il a une
conscience qui le condamne. L'intelligence créatrice a donc voulu
que l'homme regardât comme un
crime tout ce qui attaque le bonheur des autres. Toute action
nuisible est donc en effet un crime qui déplaît à l'intelligence suprême & toute puissante. Le ré-

mords & le repentir qui suit une action inhumaine, est une correction naturelle, une défense qu'elle lui fait sans cesse de nuire aux autres ; le cri de la conscience est une promulgation continuelle des principes de sociabilité par toute la terre & à tous les hommes. Quelles loix humaines sont aussi claires, aussi authentiquement publiées, aussi connues ?

La crainte de la justice divine dans une autre vie, le desir d'exister après la mort, qui se fait sentir dans toutes les ames est aussi bien l'ouvrage de l'intelligence créatrice, que l'organisation de l'homme. Ce sont des motifs qu'elle a destinés à porter les hommes à la pratique des vertus sociales ; à moins qu'on ne prétende qu'elle n'a point voulu ce qu'elle s'est pourtant déterminée à faire librement, avec choix & par préférence.

L'intelligence créatrice a mis entre les phénomènes de la nature, & les impreſſions des organes, entre les impreſſions des organes & les ſentiments de l'ame, les rapports que nous y voyons ; c'eſt elle qui a mis entre les éléments, les rapports propres à produire les fruits & les dons que la terre prodigue à l'homme, auſſi bien que ce ſpectacle de puiſſance & de terreur que nous offrent les volcans, les orages, les météores. Elle a mis dans l'homme les beſoins qui le forcent de s'élever à l'idée d'une intelligence créatrice, & les diſpoſitions néceſſaires pour que les dons & les phénomènes de la nature produiſiſſent en lui des ſentiments d'amour, de reſpect, de crainte & d'admiration pour elle ; elle a donc voulu que l'homme l'honorât par tous ces ſentiments, & que tous le portaſſent à deſirer de lui plaire.

L'homme en ne suivant que son inclination naturelle, & la lumiere de la raison, connoît que pour plaire à l'être suprême, il faut obéïr à ses loix, se conformer à sa volonté ; il voit & sent qu'il a voulu que l'homme fût bienfaisant, juste, bon, compatissant. La bienfaisance & la pratique des vertus sociales, sont donc des parties essentielles de la religion naturelle, un culte indispensable, & le principal moyen de témoigner son amour & sa reconnoissance à l'être suprême.

Ce-n'est point dans l'ignorance & dans les préjugés, dans l'intérêt & dans les fourberies des prêtres ou des politiques, que cette religion a sa source ; c'est dans les plus pures lumieres de la raison, dans le cœur même de l'homme ; elle n'est ignorée invinciblement de personne, & nul prétexte n'en peut dispenser.

Les principes de sociabilité, unis avec la croyance de l'intelligence créatrice, forment donc un systême de religion qui tend à faire régner sur la terre, la paix & le plus grand bonheur dont l'homme soit capable. Par-tout où cette religion animera les hommes, une bienfaisance active, généreuse jusqu'au dévouement, unira tous les hommes. Le soulagement d'un malheureux sera un plaisir, & un objet d'émulation; les maux inséparables de la nature humaine ne sont plus sans rémede; ils auront une fin, & cette fin sera le commencement du bonheur pour l'homme vertueux.

Quel pouvoit donc être l'objet de Bayle dans cette multitude d'objections, par lesquelles il s'est efforcé d'obscurcir l'existence de l'Etre suprême. Il combat cette vérité par les maux auxquels la nature humaine est sujette, par les désordres dans lesquels elle est plongée, & il veut ôter aux hommes le plus puissant moyen d'arrêter les désordres, & de supporter les malheurs. Henri Morus, comparoit ceux qui avoient précédé Bayle dans ce genre de composition, & qui se glorifioient de leurs succès, à un peuple insensé qui après avoir tué le plus sage, le plus juste, le plus tendre & le meilleur des Rois, se feliciteroit & triompheroit de son parricide. (1)

---

(1) *Athæorumque gloriationem, perinde esse ac si stultissimus populus de sapientissimi benignissimique principis cæde ovarent inter se & gratularentur.* Lettre de Henri Morus à Descartes, tom. 2. des Lettres de Descartes, Lettre première. Avant Morus, Phèdre avoit dit: *Et ut putentur sapere, cælum vituperant.*

SECTION QUATRIEME.

De la possibilité de la subordi- nation entre les hommes.

LES besoins & les inclinations que l'homme reçoit de la Nature, le portent à s'unir à ses semblables, & dirigent toutes ses facultés, toutes ses forces & toutes ses actions, vers le bonheur de ceux auxquels il est uni, & vers le bien général de l'humanité. Mais la Nature ne fait pas naître tous les hommes avec des forces égales, ou avec les mêmes dispositions, & les mêmes talents pour les fonctions qui peuvent contribuer au bonheur des autres. Ils n'ont pas tous les mêmes lumieres & les mêmes connoissances; ils peuvent se tromper, & pervertir les inclinations qu'ils ont reçues de la Nature. Il faut donc pour assurer la paix & le bonheur des sociétés, qu'il y ait une puissance capable de diriger & d'appliquer les forces particulieres, les talents, l'industrie, les facultés des hommes réunis, qu'ils se soumettent à cette puissance, & que tous en dépendent.

Cette dépendance est ce que l'on nomme subordination, politique ou civile, sans laquelle il est clair qu'il ne peut y avoir de société.

Mais cette puissance n'étant établie que pour le bonheur général, elle est subordonnée elle-même à cette fin, & ne doit agir que pour y conduire les hommes qui lui sont soumis. La subordination politique a donc deux parties essentielles : la premiere consiste dans l'obéissance des particuliers à la puissance qui gouverne : la seconde dans l'obéissance de la puissance qui gouverne , à cette loi primitive & immuable de la Nature & des sociétés, le bonheur général & commun.

Si les hommes réunis peuvent établir sur eux une puissance suprême , & lui obéir ; s'ils tendent naturellement à établir cette puissance & à s'y soumettre ; si les hommes dépositaires de cette puissance peuvent la diriger vers le bonheur général , s'ils sont portés naturellement à la diriger vers cet objet, l'homme est capable de la subordination nécessaire pour la formation, le maintien & le bonheur de la société.

Continuons à examiner sans prévention & sans préjugé l'homme de la Nature , & nous le trouverons capable de cette subordination.

CHAPITRE PREMIER.

Les hommes réunis sont portés naturellement à établir sur eux, une puissance suprême, & à lui obéir ; ou à obéir à celle qui gouverne la société dans laquelle la naissance ou le choix les ont placé.

La dépendance est le premier état de l'homme : la Nature le fait naître foible, & incapable de se procurer aucune des choses nécessaires à sa conservation : elle le confie & le soumet sans réserve à la tendresse du pere & de la mere ; il semble qu'elle ait voulu que la subordination fût la premiere de ses habitudes, & qu'il en sentît les avantages long-temps avant qu'il pût en connoître la nécessité par la raison.

Aussitôt

Aussitôt qu'il peut réfléchir, il voit que son pere & sa mere pouvoient lui ôter la vie ou l'abandonner; qu'ils l'ont nourri, qu'ils l'ont protégé, contre les hommes, contre les animaux, contre les éléments; il voit qu'ils l'instruisent & qu'ils le dirigent; il voit en eux des souverains naturels, parce qu'il les voit comme des hommes supérieurs à lui, par leurs forces & par leurs lumieres: mais il voit qu'ils ne font usage de leur supériorité que pour son bonheur; ils sont pour lui des êtres supérieurs & bienfaisants; il les respecte, il les aime, il craint de les irriter, de cesser d'en être aimé; car le respect, la crainte & l'amour sont des sentiments que produit nécessairement l'idée & la présence d'une puissance supérieure qui s'occupe de notre bonheur.

Ainsi, pendant son enfance, &

fous le gouvernement paternel, l'homme prend néceffairement l'habitude de la fubordination, il en connoît par fa propre expérience les avantages & la néceffité ; il eft difpofé par cette longue habitude , à voir dans un fupérieur qui veut le gouverner , un homme refpectable & bienfaifant.

Suppofons que le hazard réuniffe plufieurs familles , chaque famille apportera dans la fociété un principe de foumiffion & de refpect pour les hommes les plus éclairés , & qui poffederont les qualités les plus propres à procurer l'avantage pour lequel les familles fe font réunies. C'eft ainfi que les Ethiopiens choififfoient pour Roi , tantôt l'homme le plus robufte , tantôt le berger le plus habile , quelquefois l'homme le plus riche ; tandis qu'après avoir fécoué le joug des Affyriens , les Medes , pour arrêter les désordres que causoit chez eux l'Anarchie, se soumettoient absolument à Déjocès récommandable chez eux par ses lumieres & par son équité.

Ainsi, dans l'ordre de la nature, la puissance à laquelle la direction des forces de la société est confiée, prend naturellement la place de l'autorité paternelle, elle devient pour chaque particulier ce que l'autorité paternelle est dans la famille. On la voit sans cesse occupée du bonheur de la société; on doit à ses soins, à sa vigilance, à ses lumieres, la sécurité, la paix, le bonheur dont on jouit; elle remplit par rapport à chaque Citoyen, toutes les fonctions des peres & des meres les plus tendres : ses soins pour l'homme précédent la naissance & s'étendent au-delà de la vie. Ainsi l'homme doit respecter & chérir cette puissance comme un fils réconnoissant & bien né chérit le meilleur pére & le plus vertueux.

Quelle que soit la forme du gouvernement, voilà la constitution essentielle de chaque société, voilà l'objet, la destination & la loi de la puissance qui gouverne ; & il n'est point d'homme qui en réfléchissant, ne voie dans la société ou il vît, cette puissance veiller par-tout, à la sureté & au bonheur des particuliers, défendant le foible, vengeant l'opprimé, maintenant chacun dans la possession de ses droits & de ses priviléges. Il n'est donc point d'homme qui n'envisage la puissance qui gouverne la société dans laquelle il vit, comme une mere, comme le pere de tous les sujets.

C'est cette puissance qui fait la patrie ; ce sont les loix qui font cette puissance. Par-tout où les loix ont pour objet le bonheur,

la paix, la sûreté des Citoyens, il
y a une patrie. Comme c'eſt par
les loix que chaque Citoyen jouit
de ſes droits & de tous ſes avantages, on conçoit la réunion de
ces loix comme une puiſſance in-
viſible qui veille ſur tous les lieux
de la république & qui y eſt attachée. Ce ſont ces idées qui nous
font regarder comme notre patrie, l'état dont nous ſommes Citoyens, les lieux où nous ſommes
nés, où notre enfance a été pro-
tégée, où l'on traite comme des
ennemis quiconque attaque nos
biens, notre perſonne, notre vie.

Tout ce qui attaque la puiſſante, la gloire de l'état dont nous
ſommes Citoyens, attaque donc
notre exiſtence & notre bonheur.
Voilà l'origine de l'attachement,
de l'amour, du dévouement pour
la patrie, chez tous les peuples,
dans toutes les nations, de quelque maniere que cette puiſſance

agisse, quelle que soit la forme du gouvernement.

Jamais l'amour de la patrie ne s'éteint dans le cœur du Citoyen. Les malheurs que des temps difficiles, des causes étrangeres, ou l'imprudence des administrateurs de la puissance souveraine attirent sur la patrie, touchent vivement le Citoyen, l'homme vertueux; & chez toutes les nations, le Citoyen indifférent sur les malheurs de la patrie, le séditieux qui la trouble, le perfide qui la trahit, sont des fils dénaturés & des monstres.

Combien donc est superficielle, fausse & inhumaine la politique qui veut que la crainte & la misere soient le motif de la soumission des sujets, & le fondement de l'autorité des souverains.

Les partisans de cette politique barbare prétendent que l'homme est incapable de subordination : 1°. parce qu'il a un amour essentiel pour l'indépendance & pour la domination, qui ne peut être réprimé que par la crainte : 2°. Parce que l'homme voit naturellement dans un supérieur un ennemi, & qu'il est jaloux des avantages & du bonheur des autres. 3°. Enfin, parce que l'homme étant naturellement & essentiellement vain, il lui faut des hommages, des respects, & des louanges, des esclaves pour satisfaire son orgueil & sa vanité.

Tâchons de dissiper des erreurs plus funestes au bonheur des sociétés, que les incursions des peuples barbares & féroces.

ARTICLE PREMIER.

L'homme n'a point naturellement pour l'indépendance & pour la domination, un amour qui le rende incapable de la subordination nécessaire au bonheur & à la paix de la société.

L'HOMME, dit-on, veut nécessairement être heureux, & il ne peut l'être qu'en satisfaisant tous ses désirs, & en se procurant une infinité de plaisirs. Or, il n'y a point de subordination, point de dépendance qui ne donne des bornes aux désirs & aux plaisirs de l'homme; ainsi toute dépendance, toute subordination est un état violent, un état contre nature, dans lequel l'homme ne peut être fixé que par la crainte & par la force : il fait sans cesse effort pour en fortir, & il en fort auffitôt qu'il le peut impunément. L'homme en fociété, eft un efclave qui travaille fans ceffe à ufer fes chaînes.

Il ne lui fuffit pas d'être libre, il ne peut fe procurer feul tous les plaifirs qu'il defire pour être heureux, il a befoin du fecours des autres hommes. Il fait donc fans ceffe effort pour fe les affujettir & pour les obliger à fervir fes defirs. Il tend donc fans ceffe à s'acquérir fur eux un empire abfolu. Ainfi dans toutes les fociétés, de proche en proche, tout eft en effort pour fe fouftraire à l'autorité des loix, ou pour acquérir du pouvoir.

L'hiftoire de l'humanité entiere, ne nous offre que les effets de cet amour de l'indépendance & de la domination. Remontez dans les fiécles paffés, parcourez toute la terre, vous verrez cet amour,

former, altérer, anéantir, reproduire tous les empires, toutes les
sociétés : examinez-les toutes,
vous n'en verrez aucune qui ne
soit dans un état continuel de
changement, aucune dans laquelle l'amour de l'indépendance
& de la domination ne travaille
pour abaisser ce qui est élevé, &
pour élever ce qui est dans l'abaissement & dans la soumission.

Tels sont les principes de Hobbes, de Spinosa, de Mandeville
sur l'amour de l'homme, pour
l'indépendance & pour la domination. Voyons s'ils sont aussi cer-
tains qu'on le prétend.

L'amour du bonheur est le principe de toutes les actions de l'homme. Si, pour être heureux, il faut
qu'il soit indépendant & que tout
lui soit soumis, il tend nécessairement à l'indépendance & à la domination ; mais s'il peut être heureux sans une indépendance ab-

folue , & fans que tout lui foit
foumis , il n'a point pour l'indépendance & pour la domination
un amour qui le porte à fe fouftraire aux loix de la fociété , à
troubler l'ordre public, pour étendre fans ceffe fa puiffance & fon
autorité.

Pour que l'homme foit heureux , 1°. il faut que fes befoins
phyfiques foient fatisfaits , & qu'il
foit fûr qu'il ne manquera pas des
chofes néceffaires pour fa fubfiftance. 2°. Lorfque tous fes befoins
primitifs font fatisfaits , l'amour
du bonheur agit encore fur le
cœur de l'homme , il faut qu'il
foit ému , intéreffé , qu'il éprouve
des fentiments qui lui rendent
l'exiftence agréable , enforte que
ce foit un bien pour lui que
d'être.

Voyons ce que la fociété fait
pour procurer à l'homme ces avantages , & fi elle le prive des cho-

ses nécessaires à son existence, &
à son bonheur.

Dans l'état de société, si le
champ du Citoyen n'a pas été
fécond, il n'est pas obligé de quitter sa patrie, de s'armer, de faire
la guerre pour subsister ; la société pourvoit à tous ses besoins, elle
s'arme contre l'étranger qui voudroit envahir ses possessions ou les
piller, & contre le Citoyen injuste & avide qui veut l'opprimer ;
elle veille sur ses traités, sur ses
contrats, sur ses promesses, sur
tous ses engagements, afin qu'il
ne soit ni séduit, ni frustré ; elle
est le garant, la caution de tout
ce qu'on lui promet ; elle pour-
suit & punit comme un ennemi
quiconque attaque sa vie, son
repos, son honneur, ou qui trouble son loisir & ses amusements.

Aucun état ne fournit à l'homme
les moyens de s'éclairer & d'ins-
truire, comme l'état de société.

C'est dans la société que se développent la bienfaisance, la reconnoissance, l'amitié, le desir de l'estime, en un mot toutes les vertus sociales; elle ouvre à l'homme une source intarissable de plaisirs, elle fait naître dans son cœur une succession non interrompue de sentiments qui lui rendent agréables tous les momens de son existence, qui remplissent le desir immense du bonheur dont il est animé.

Elle défend, il est vrai, à l'homme d'être malfaisant, injuste, oppresseur; mais nous avons vu que pour être heureux, l'homme n'a pas besoin de nuire aux autres, & qu'il ne peut être malfaisant sans être malheureux.

Ainsi la subordination dans la société, n'ôte à l'homme rien de ce que la Nature a rendu nécessaire à son bonheur; elle ne lui interdit que ce qui le rend malheureux, & ce que la Nature lui défend : enfin elle lui procure tout ce qui peut le rendre heureux ; elle lui en assure la jouissance : ses besoins, ses inclinations naturelles le portent donc à se soumettre aux loix de la société, & aucun besoin, aucune inclination naturelle ne le porte à s'y soustraire.

L'indépendance absolue & la domination, ne sont pas, si je peux parler ainsi, des parties essentielles du bonheur de l'homme. Ce n'est point pour elle-même que l'homme souhaite l'indépendance ; c'est comme moyen de s'assurer la jouissance des biens nécessaires à son bonheur ; or l'homme jouit de cette assurance, il a cette certitude dans la société, bien plus que dans l'état d'indépendance absolue, puisque dans l'état civil, tous les membres de la société concourrent pour lui procurer ces biens, & que dans l'état d'indépendance il eſt privé du ſecours des autres hommes, & expoſé à être dépouillé des biens néceſſaires à ſon bonheur ; ainſi, l'amour du bonheur porte l'homme à s'unir à ſes ſemblables, & à ne ſe réſerver dans la ſociété, que l'indépendance qu'elle accorde, & qui ſuffit toujours au bonheur de l'homme. L'état civil n'eſt donc pas un état violent, les loix ne ſont pas des chaînes que le Citoyen cherche à rompre ; ce ſont des protectrices, des ſauvegardes qui veillent à la ſureté, elles ne lui ôtent que le pouvoir de ſe rendre malheureux en devenant malfaiſant, ou en cherchant le bonheur dans les objets auxquels la Nature ne l'a point attaché ; elles ne gênent ni l'homme ſage, ni l'homme éclairé, elles guident l'ignorant & contiennent l'homme imprudent ou paſſionné qui court à sa perte; elles ne portent pas plus d'atteinte à la liberté naturelle de l'homme que les balises qui montrent les écueils, ou les barrieres dont on enferme les précipices ou les lieux dangereux.

L'amour de l'indépendance qui veut se soustraire à la puissance des loix, n'existe donc que dans le méchant, & dans l'homme passionné, dans le furieux, dans l'ignorant, dans le stupide. On ne peut donc la regarder comme une inclination naturelle, comme un penchant invincible, comme vice essentiel à la Nature humaine.

Il en est de l'amour de la domination, comme de l'amour de l'indépendance. L'homme peut sans dominer sur les autres, se procurer tout ce qui est nécessaire à son bonheur; ainsi le desir de la domination n'a pas son origine dans un befoin effentiel à l'homme ; il n'y eft pas porté par un penchant naturel & invincible, qui le tienne toujours en effort & en action pour tout foumettre.

Ces idées puifées dans la nature de l'homme, font juftifiées par l'expérience.

Nous voyons des peuples foumis fans crainte à leurs loix, à leurs fouverains ; des fouverains qui abdiquent ou qui donnent des bornes à leur autorité ; des particuliers qui refufent de monter fur le thrône.

» Les Chinois, fous les premie-
» res Dynafties, dit un de leurs
» Sages, ne s'écartoient jamais de
» l'obéiffance & du devoir, pour
» quelque danger ou pour quel-
» que intérêt que ce fût. Ces peu-
» ples, dis-je, étoient-ils toujours
» animés par quelque récompenfe
» ou par quelque punition préfen-

» te ? non, mais leur cœur étoit
» établi dans le bien & dans l'a-
» mour de la justice ; ils ne se pou-
» voient résoudre à rien qui y fût
» clairement contraire. Le froid,
» la faim, les ignominies, la mort,
» rien ne pouvoit leur faire oublier
» ce qu'ils devoient à leur Prince.
» Voilà pourquoi nos Dynasties
» ont duré si long-temps. (1)

Ces mêmes Chinois, ont eu des raisons & des motifs de changer leur gouvernement ; ils ont pu plusieurs fois le changer, il leur a été facile de donner des bornes à la puissance de leurs Empereurs, & cependant ils n'y ont jamais porté la moindre atteinte.

Sparte, pendant plus de six siécles, fut heureuse & paisible, par l'observation des loix ; rien de ce qu'elles défendoient n'étoit agréa-

____

(1) Du Halde, descrip. de la Chine, t. 2, p. 405.

ble, rien de ce qu'elles commandoient n'étoit pénible & rébutant: la satisfaction attachée à l'observation de la loi, se joignoit toujours à l'idée de ce qu'elle prescrivoit: le sentiment de la honte, du déplaisir & de l'aversion, étoit inséparable de la chose qu'elle défendoit, ensorte que l'observation de la loi étoit pour tous les Citoyens une source de plaisir, un sujet continuel de satisfaction, un bonheur habituel. Le Spartiate étoit heureux par le sentiment habituel de sa conformité à la loi.

On trouve cette soumission aux loix, chez tous les peuples dans leur origine.

L'histoire de la Chine offre des exemples fréquents de souverains qui abdiquent; on en trouve chez les Grecs.

Pittacus, reçut à Mytiléne de grands honneurs, pour les servi-

ces qu'il rendit à sa patrie, & les
Mytiléniens l'éleverent enfin à la
suprême puissance. Il en jouit dix
ans, & ne l'employa qu'à déraci-
ner les vices contraires à la paix
& au bonheur des Mityléniens.
Lorsqu'il eût établi la chose publique dans l'ordre qu'il crût le plus
propre à y rendre la paix constan-
te, il abdiqua l'autorité souveraine, redevint particulier, & ne se
réserva qu'une très-petite portion
du territoire, que les Mityléniens
lui avoient donné. (1)

Si Théopompe n'abdiqua pas
la souveraineté, il eut le courage
peut-être aussi noble, de mettre
des bornes à sa puissance, en éta-
blissant à Sparte des Inspecteurs
pour les Rois mêmes. (2)

Lorsque Xercès offrit à Léonidas de le faire Monarque de tou-

____

(1) Diod. Fragm. trad. de Terrasson, t. 2.
p. 372.
(2) Plutar. vie de Lycurgue.

te la Gréce, s'il vouloit embrasser
son parti, Léonidas lui répondit :
» si tu connoissois en quoi consis-
» te le bien de la vie humaine, tu
» ne convoiterois pas ce qui est à
» autrui ; mais, quant à moi, j'aime
» mieux mourir pour le salut de
» ma patrie que de commander à
» toute la Gréce. (1)

Il peut donc y avoir un sentiment plus puissant sur le cœur de
l'homme, que l'amour de la domination : telle est la soumission
aux loix & à la crainte d'usurper
un pouvoir injuste & nuisible.
L'homme peut même préférer la
mort à une puissance injustement
acquise.

Lorsque Scipion dépouilla Antiochus d'une partie de ses Etats,
& réduisit son Royaume aux possessions qu'il avoit au-delà du
mont Taurus ; ce Prince remer-

____

(1) Plutarq. dits. not. des Laced.

cia sincerement les Romains, parce qu'en lui ôtant une partie de ses Etats, ils l'avoient déchargé d'un fardeau trop pesant, & qu'ils avoient réduit son Royaume à une étendue de pays qu'il pouvoit gouverner. (1).

Il y a donc un sentiment d'humanité plus puissant sur le cœur de l'homme, que l'amour de la domination, & l'homme peut aimer le bonheur des autres plus que sa propre puissance.

Alexandre vainqueur de Tyr, offrit la royauté à un Citoyen respectable & aimé, le plus riche & le plus considérable de Tyr. Mais ce Citoyen qui n'avoit aucune liaison de parenté avec ceux qui, jusques-là avoient occupé le thrône, refusa d'y monter, quelqu'instance que lui fît Epheſtion;

____

(1) Tite. Liv. *l.* 37. Juſtin, *l.* 31. Val. Max. *l.* 4. *c.* 7.

preffé de nommer quelqu'un de
la famille Royale, pour, qu'au-
moins le Roi de Tyr lui dût fa
Couronne ; il indiqua un homme
plein de fageffe & de bonté, mais
extrêmement pauvre, lui porta
les habits Royaux, l'amena à Tyr
& le proclama Roi. (1)

Il y a donc dans le cœur de
l'homme, un fentiment de modération & d'équité, plus puiffant
que l'amour de la domination.

» Lorfqu'*Y-a-o* premier Empe-
» reur de la Chine, voulut fe don-
» ner un fucceffeur, il fit venir un
» de fes Miniftres, en qui il avoit
» plus de confiance, par l'eftime
» qu'il faifoit de fa prudence & de
» fa probité, & voulut dépofer en-
» tre fes mains fa Couronne. Ce
» fage Miniftre s'excufa de rece-
» voir cet honneur, fur ce que le
» fardeau étoit trop pefant pour

____

(1) Diod. *l.* 17.

» des épaules aussi foibles que les
» siennes, & en même-temps il lui
» proposa un Laboureur nommé
» *Chun*, que la vertu, la probité,
» la patience dans les plus rudes
» épreuves, la confiance qu'il s'at-
» tiroit de tous les gens de bien,
» & une infinité d'autres excellen-
» tes qualités qui le rendoient di-
» gne du thône.

» *Y-a-o* le fit venir pour éprou-
» ver ses talents, il lui confia le
» gouvernement d'une Province.
» Chun se fit une si grande répu-
» tation de sagesse, de prudence,
» de modération & d'équité, qu'au
» boût de trois ans *Y-a-o* l'associa
» à l'Empire, & lui donna ses deux
» filles en mariage. (1)

Chun transporta la Couronne
sur la tête d'*Y-a*, & les enfants de
Chun furent soumis à *Y-a*, comme ils l'auroient été à leur pere.

____

(1) Du Halde, *t.* 1. *p.* 306.

Chun

Chun ne s'étoit déterminé à ce choix, que fur l'idée qu'il s'étoit formée de la capacité & du mérite d'*Y-a*, il vécut dix-fept ans depuis qu'il l'eût affocié à l'Empire, & l'union fut fi grande entre ces deux Princes, qu'il ne parut jamais que l'autorité fût partagée. (1)

Il peut donc y avoir un amour du bien public, fupérieur à l'amour de la domination, puifqu'il y a des fouverains qui aiment mieux partager l'autorité fuprême que d'en jouir feuls, au préjudice du bien public.

Il y a un fentiment de probité, de modeftie & de juftice plus fort que l'amour de l'indépendance, puifqu'il y a des hommes qui aiment mieux refter fujets, que de commander, & qui pouvant acquérir l'autorité, la font paffer à

______

(1) *Ibid.*

des hommes qu'ils jugent plus éclairés, plus sages & plus capables de gouverner.

Tandis que Léonidas résistoit à Xerxès, & combattoit toutes ses forces au passage des Thermopyles, Gelon de Syracuse anéantit à Himére cette formidable armée que les Carthaginois avoient envoyée en Sicile, & qui devoit concourir avec Xerxès pour donner des fers à tous les Grecs. Lorsqu'il apprit la défaite de Xerxès à Salamine, il accorda la paix aux Carthaginois, & licencia toutes ses troupes, renvoya les alliés & plaça les étrangers dans des lieux éloignés de Syracuse : n'ayant plus alors de troupes, ni dans Syracuse, ni aux environs, il convoqua une assemblée générale de tous les habitants de Syracuse, leur ordonnant de s'y rendre armés. Lorsqu'ils furent tous arrivés, Gelon entra dans l'assemblée, mais sans

armes & sans gardes; ensuite adref-
sant la parole aux Syracusains, il
leur rendit compte de toute sa
conduite, dit l'emploi des sommes qu'ils lui avoient confiées, &
l'usage qu'il avoit fait de son autorité; il ajouta qu'il n'avoit eu
en vûe que le bien public; que si
néanmoins il lui étoit arrivé d'a-
voir commis quelque faute, il ne
tenoit qu'à eux de l'en punir, puisqu'il n'avoit ni armes, ni gardes,
ni aucun moyen de se défendre
contre eux qui étoient armés;
personne ne fit aucun reproche à
Gelon, & il fut unanimement
nommé le Bienfaiteur, le Sauveur
& le Roi par toute l'assemblée. (1)

Il y a donc dans le cœur de
l'homme, un sentiment de vertu
qui lui fait regarder comme un
crime l'abus qu'il fait de sa puissance, qui le porte à s'en dépouil-

---

(1) Diod. *l.* 11.

ler, fi ceux qui la lui ont confiée
jugent qu'il en abufe. Il y a dans
tous les hommes un fentiment naturel de refpect, de reconnoiffance, d'amour & de foumiffion pour
tous les hommes éclairés, fages
vertueux.

Nous avons prouvé que l'indépendance & la domination ne
font point néceffaires pour fatisfaire les befoins & les inclinations
que l'homme reçoit de la Nature.
Nous avons vu que la fubordination n'impofe aucune obligation
qui le prive des chofes néceffaires
à fon bonheur ; ainfi l'amour de
l'indépendance & de la domination, ou la haine de la fubordination, ne peuvent devenir des
paffions que dans ceux qui ont
des befoins & des inclinations qui
ne viennent point de la Nature.
Cet amour effréné de l'indépendance & de la domination qui ne
peut fouffrir ni loix, ni fupérieurs,

ni réſiſtance, eſt donc un vice étranger à la nature humaine.

Les principes des vertus ſociales, l'humanité, la juſtice, l'honneur, l'équité ſont des ſentiments aſſez puiſſants pour retenir l'homme dans la ſoumiſſion aux loix, & pour lui rendre odieuſe toute puiſſance acquiſe injuſtement, ou préjudiciable au bonheur des autres ; l'amour de l'indépendance & de la domination, n'eſt donc effréné que dans les hommes qui ont étouffé dans leur cœur les ſentiments de probité, d'honneur & de vertu.

Les hommes, pour qui la ſubordination eſt un joug inſupportable, ſont des vicieux ou des coupables qui craignent les loix : ce ſont des hommes diſſipés, vains, orgueilleux, frivoles, auxquels la ſubordination preſcrit des devoirs qui les gênent, ou dont leur orgueil s'offenſe, ces hommes ne font pas dans leur état naturel, il ne faut point imputer à tous les hommes leurs paſſions, leurs vices & les croire inſéparables de la nature humaine.

Les hommes qui ſe ſont rendus célébres par leur ambition, ont preſque toujours été des débauchés, que leur luxe énorme & le déſordre de leur fortune ont portés à troubler les états, comme Catilina, des caractéres vains & lâches comme Theophane, des particuliers ſans projet, & que le hazard & les circonſtances ont élevés au pouvoir ſuprême, comme Cromwel, des guerriers paſſionnés pour la célébrité, comme Charles XII, des ames timides & foibles, comme Louis XI & Jacques I. qui, pour être en ſûreté, avoient beſoin de tenir dans l'inquiétude & dans la crainte, tous ceux qui pouvoient leur faire du mal, & qui ne pouvoient être

calmes & en sûreté qu'en croyant
qu'ils avoient un pouvoir sans bornes.

C'est ordinairement chez les
peuples livrés au luxe, que l'a-
mour de la domination & de l'indépendance s'exalte, & devient
entreprenant. Presque tous les
tyrans ont été des débauchés, des
voluptueux, des avares qui avoient
un besoin extrême d'argent, &
pour lesquels la domination étoit
un moyen d'en avoir. Telle est
l'origine qu'Aristote donne aux
tyrannies, & c'est un fait qui ne
peut être contesté que par ceux
à qui l'histoire seroit absolument
étrangere. (1)

Depuis Lycurgue qui bannit le
luxe & l'argent de Sparte, jusqu'à
Lysandre, dont les artifices &
l'ambition introduisirent de nouveau le luxe & les richesses, on

____

(1) Arist. Polit. *l.* 5. *c.* 10.

ne vit point parmi les Lacédémoniens cet amour de la domination, rien entreprendre contre le gouvernement.

Le Scythes, les Gaulois, les Germains avoient des Rois qui n'ont point été des tyrans : on n'a point vu parmi les Scythes, des guerres entreprises pour resserrer ou pour étendre la puissance de leurs Rois, & l'on en trouve rarement des exemples chez les Germains & chez les Gaulois.

Lorsqu'on ne jette sur l'histoire qu'un coup d'œil superficiel, on voit dans les états & dans les gouvernements, des révolutions, des séditions, des conjurations, des guerres civiles, des Monarchies changées en républiques ou en tyrannies, des républiques subjuguées par des tyrans & par des despotes. Comme la puissance est l'objet de tous ces mouvements, on croit que l'ambition & la haine de toute subordination en sont les principes; mais c'est une erreur.

Aristote attribue toutes les révolutions, toutes les guerres civiles à l'orgueil outrageant des magistrats, à leur avarice, à l'injuste distribution des récompenses & des honneurs, au pouvoir excessif des souverains, au mépris du peuple pour les magistrats, à l'excessive élévation d'un ordre de l'état sur les autres. (1)

Lorsqu'on remonte aux causes des révolutions, des séditions, &c. que nous offre l'histoire, on les trouve en effet toutes produites par quelqu'une de ces causes, comme ce Philosophe le prouve par l'histoire des temps qui l'ont précédé : quant aux temps qui l'ont suivi, nous nous contenterons d'en rapporter quelques exemples.

____

(1) *Ibid. c. 3.*

C 5

Ce fut l'orgueil des Tarquins, les outrages qu'ils firent aux Romains, qui anéantirent la royauté à Rome ; ce fut l'outrage que reçut Appius Claudius qui anéantit le pouvoir des Decemvirs ; ce fut pour se venger de l'insulte que lui avoit faite l'Impératrice Sophie que Narsés attire les Lombards en Italie.

Combien l'excès des Impôts, l'avarice des Satrapes, des Gouverneurs, des Questeurs, leur dureté, leur insolence n'ont-elles pas armé de peuples & causé de révoltes dans tous les états ? le peuple paie sans murmure tout ce qu'il peut payer, mais il est un excès qui le révolte, sans qu'on puisse pour cela le regarder comme naturellement séditieux. Il est privé du nécessaire, & il voit dans tous ses supérieurs, dans les ques-teurs, dans tout ce qui exerce quelqu'autorité, un luxe énorme, il est méprisé, insulté, outragé par tous ses supérieurs, par tout ce qui est riche ; faut-il donc un penchant inné à la révolte pour regarder tous ces hommes comme des ennemis ? Quand dans ces états le peuple seroit aussi stupide qu'on le suppose mal à propos, peut-il s'empêcher de voir que les besoins de l'état qui sont toujours le motif des Impôts ne sont en effet que les besoins de ces hommes ; le besoin qu'ils ont d'argent pour entretenir leur luxe ou pour assouvir leur avarice. C'est ainsi que les Frisons se souleverent contre les Romains, bien plus pour se soustraire à l'avarice, que par aversion pour la subordination. Ils avoient payé sans répugnance les tributs sous Drusus ; mais sous le gouvernement du Centurion Alennius, homme avide, sans humanité, sans esprit, ils se trouverent hors d'état de payer le tri-

C 6

but qu'il leur impofa; ils vendirent leurs troupeaux, leurs champs, ils engagerent leur liberté; enfin ils fe révolterent, pendirent les foldats prépofés au recouvrement des impôts & auroient mis en pieces l'affreux & indigne Centurion, s'il n'eût pris la fuite. (1)

Ce furent les vexations & l'avidité de Sabinus Intendant de Judée, qui cauferent cette révolte dans laquelle tant de Juifs périrent. (2)

Combien les Suiffes n'endurerent-ils pas de vexations & d'horreurs de la part des Gouverneurs & des Nobles, avant de former un corps indépendant. Depuis leur union, ils font une puiffance formidable en Europe fans avoir entrepris de s'agrandir, fans avoir profité des circonftances favora-

---

(1) Tacit. annal. *l.* 4. c. 72.
(2) Jofeph. antiquit. *l.* 17. c. 12.

bles pour étendre leur domination.

Lorsque Philippe le Bel se fut
emparé de la Flandre, les Fla-
mands se soumirent à lui : mais
l'orgueil du Commandant qu'il
établit, fut si outrageant, ses vexations furent si excessives, & ses
injustices si criantes, que plusieurs
villes considérables se souleverent, massacrerent les garnisons
françoises, & obtinrent le réta-
blissement de leur Duc ; le Duc
rétabli voulut les tyranniser, & ils
se révolterent. Dans cette double
révolte les ennemis de la subordination ne sont-ils pas le Satrape,
le Gouverneur insolent & avide,
le Duc fou & orgueilleux ?

Ce fut la rigueur des impôts,
l'inquisition, l'orgueil & la dureté
du Duc d'Albe qui enleverent à
l'Espagne les Provinces-unies.

Les impôts ont souvent causé
des séditions en France, & sans

vouloir les justifier, on peut dire qu'aucune n'a pour principe la haine de la subordination.

Enfin, souvent le mépris que le Souverain inspire au peuple, a causé la désobéissance : car l'homme qui se soumet sans répugnance à un supérieur, & qui le respecte, lui désobéit & le brave s'il s'avilit ; parce que la soumission que la société prescrit, est bien plus une soumission inspirée par le respect, & par la confiance qu'une obéissance produite par la crainte & par la terreur. Pour prouver par les séditions & par les guerres civiles, que l'homme est incapable de subordination, il faudroit faire voir que ces séditions, ces guerres civiles, ces révoltes ont eu pour objet des Magistrats, ou des Souverains qui n'employoient leur autorité que pour le bonheur de la société, qu'elles ont été causées par des peuples au premier abus que le Souverain ou le Magiftrat a fait de fon pouvoir, à la premiere vexation exercée en fon nom, avant de s'être plaint, d'avoir inftruit le Souverain & le Magiftrat des rigueurs qu'on exerçoit fur eux, des maux qu'ils enduroient; il faudroit faire voir des peuples heureux, & rebelles à l'autorité ou à la puiffance qui les rend heureux. Si les hommes font effentiellement ennemis de la fubordination, pourquoi le peuple de Syracufe armé a-t-il proclamé avec des tranfports d'amour & de joie Gelon défarmé, le pere de la patrie & fon Souverain? Pourquoi le peuple a-t-il furnommé Louis XV le bien-aimé; car ce fur-nom eft l'expreffion de l'amour du peuple, & non pas un titre donné par l'adulation. Le Courtifan exalte la grandeur du Souverain, mais le peuple publie fa bonté: le Courtifan s'humilie devant fa puiffan-

ce , & le peuple aime fa perfonne.

On ne connoît donc ni la nature humaine , ni l'hiftoire , lorfqu'on dit , que l'homme a pour la
domination un amour qui le rend
incapable de fubordination. Si
cette doctrine a des partifans , que
ce ne foit point en France , mais
chez les defpotes & chez les tyrans, que ces partifans ne foient
ni des Philofophes , ni des Citoyens , mais les miniftres de la
tyrannie ; qu'on aille avec ces
principes calmer les remords du
defpote inhumain , mais qu'on fe
garde bien de s'en fervir pour
autorifer l'oppreffion dans une
nation que l'amour foumet à fes
Souverains.

ARTICLE II.

L'envie qui rend l'homme ennemi de son supérieur, n'est point un vice naturel & essentiel à l'homme.

L'HOMME par sa constitution organique, prend tous les sentimens qu'il apperçoit dans les autres hommes ; il est transporté de colere, ou pénétré de douleur à la vue d'un furieux ou d'un malheureux. Cette communication de sentiments & d'affections, est le principe de l'humanité, de la bienveillance naturelle. Ainsi, comme la présence d'un malheureux fait naître dans l'ame de l'homme qu'il voit, un sentiment de douleur, la vue d'un homme qui est heureux par la possession de quelqu'objet, produit dans ceux qui le voient l'amour de cet objet, le defir de le poſſéder, & des efforts pour s'en emparer ; ſi cet objet ne peut ſe communiquer ou ſe partager. Ainſi, le même principe, la même organiſation qui rend l'homme compatiſſant, le rend envieux, & ennemi de celui qui eſt heureux ; il fera pour ôter à cet homme l'objet de ſon bonheur, plus d'efforts qu'il n'en fera pour ſoulager le malheureux dont la préſence l'incommode en le faiſant participer à ſa miſere.

Suivez l'homme, depuis ſa naiſ-fance, juſqu'au tombeau, vous le verrez animé & conduit par cette paſſion. L'enfant prend toutes les affections de ceux avec leſquels il vit, il imite toutes leurs attitudes, il fait tous les mouvements qu'ils font, il deſire tout ce qu'il voit, & veut avoir tout ce qui lui pa-roît faire plaiſir à ceux qui le poſ-ſedent : il emploie toutes ſes forces, toute son adresse, toutes ses ressources pour l'obtenir. L'âge ne fait que développer cette passion & augmenter son activité, elle ne finit qu'avec la vie.

Tel est le sentiment de Spinosa sur l'envie, qui est en effet contraire à la sociabilité, mais qui n'est, ni essentielle à l'homme ni une suite de son organisation.

Il est vrai, que par son organisation l'homme est imitateur, & qu'il aime tous les objets qu'il croit contribuer au bonheur des autres, sur-tout s'il n'est pas heureux : mais le jugement qu'il porte sur ces objets, ne le détermine point nécessairement à les rechercher, & à tâcher d'en dépouiller ceux qui les possédent. Pour être déterminé nécessairement à rechercher un objet, & à le ravir à celui dont il fait le bonheur, il ne suffit pas de juger qu'il est bon, il faut juger qu'il est nécessaire à notre bonheur : car n'étant déterminés à la recherche des objets, que par l'amour du bonheur, la force & le dégré de nos déterminations vers un objet, dépendent du rapport que nous voyons entre cet objet & notre bonheur ; & par conséquent nous ne sommes déterminés nécessairement à le rechercher qu'autant que nous le jugeons nécessaire à notre bonheur. Or, nous ne voyons pas que tous les objets qui contribuent au bonheur des autres soient nécessaires à notre propre bonheur.

Nous avons vu que la Nature accorde à tous les hommes ce qui est nécessaire pour satisfaire leurs besoins & leurs inclinations naturelles, & par conséquent tout ce qui est nécessaire pour qu'ils soient contents de leur existence : ils peuvent donc en effet, regarder comme inutile, ou comme n'étant pas nécessaire à leur bonheur, un

objet qu'ils ne possédent pas, quoiqu'ils voient qu'il procure du plaisir à celui qui le posséde. L'homme qui ne va point au-delà des
besoins que donne la Nature &
qui cherche son bonheur dans les
inclinations qu'elle inspire , peut
au milieu du luxe & des richesses,
dire : combien voila de choses
dont je n'ai pas besoin ?

Ce n'est point par un principe
d'envie , que l'enfant desire tout
ce qu'il voit. Pressé comme tous
les hommes par le desir du bonheur , & n'ayant point d'expérience personnelle sur les objets propres à lui procurer le bonheur
qu'il desire , il juge qu'il est dans
les objets qu'il voit rechercher par
les autres hommes ; cette disposition organique, ce penchant que
la Nature donne à l'enfant pour
desirer ou pour aimer ce qu'il
voit que les autres aiment , est
un principe de sociabilité qui leur

fait prendre les goûts & les mœurs
des autres hommes, & qui les plie
à toutes leurs habitudes par inftinct, & prefque machinalement.
C'eft peut-être cette difpofition à
imiter, qui leur imprime ce que
l'on nomme le caractere national
de fi bonne heure, & fi générale-
ment, qu'on le regarde comme une
qualité donnée par la nature, & en
quelque forte attachée aux climats.

En profitant de cette difpofition, les peres & les meres peuvent à leur gré former les mœurs
de leurs enfants, & leur donner
un caractere qui ne leur permette
pas de chercher le bonheur dans
d'autres objets que dans la pratique des vertus fociales. La difpofition que l'enfant a pour imiter
tout ce qu'il voit faire, lui fait
même prendre ce caractere fans
l'inftruction des peres & des meres. Cette difpofition organique
des enfants à aimer, à défirer tout

ce qu'ils croient contribuer au bonheur des autres, n'est donc pas un sentiment d'envie qui le fasse souffrir lorsqu'il voit les autres heureux, & qui le porte à les priver de l'objet qui fait leur bonheur,

Si au lieu de profiter de cette disposition naturelle pour porter l'enfant à rechercher le bonheur dans la pratique des vertus sociales, on ne cherche à le rendre heureux qu'en lui offrant des objets sensibles & nouveaux; il n'acquiert aucun principe sur la morale, & sur le bonheur destiné à l'homme; il reste en effet dans l'état de l'enfance par rapport à tous les objets dont il voit les autres hommes en possession; il les desire, il est malheureux s'il ne les obtient pas; il regarde celui qui les possede, comme la cause du malheur qu'il éprouve, il le hait, il est son ennemi, comme l'homme preſſé par la faim extrême eſt ennemi de l'homme qui lui refuſe du pain.

Tels ſont ordinairement les hommes des nations frivoles, livrées au luxe, à l'amour des richeſſes, à la paſſion du crédit.

Les hommes frivoles n'acquiérent point ordinairement de principes ſur le bonheur que la Nature deſtine à l'homme, ils le cherchent dans les objets, dans leſquels ils le cherchoient dans l'enfance.

Pendant l'enfance, la nourrice les amuſoit par ſon chant, par ſes geſtes, avec un hochet, avec une fleur, avec une image, avec mille babioles. L'éducation qu'ils reçoivent lorſqu'ils ſont ſortis des bras de la nourrice, leur apprend-elle à chercher le bonheur dans d'autres objets? la muſique, la danſe, le deſſein, la peinture ſont les objets eſſentiels de leur éducation.

N'eſt-ce

N'est-ce pas dans les objets du luxe, dans les équipages, dans les tableaux, dans les concerts, dans les spectacles comiques, dans la possession d'un bijoux, d'un habit de goût, qu'on leur dit que consiste le bonheur.

Ces hommes ne sortent donc point de l'état de l'enfance ; tous les objets dans lesquels ils cherchent le bonheur, coûtent plus cher que les hochets & les babioles par lesquelles on les amusoit pendant leur enfance ; mais ce sont en effet des hochets & des babioles de la même espece. Ils ne different donc de l'enfant que par la taille, & par la dépense qu'ils font ; mais leur ame, leurs inclinations, leurs besoins sont les mêmes ; ils sont envieux comme les enfants, parce que, comme les enfants, ils ont besoin d'être heureux, & que pour satisfaire ce besoin, ils n'ont, comme les enfants, que des objets qui font fur eux, des impreſſions nouvelles. Tout ce qui fait fur eux une impreſſion agréable & nouvelle, leur paroît néceſſaire à leur bonheur, ils ſont malheureux s'ils ne peuvent ſe le procurer : ils deſirent, non que celui qui le poſſéde ſoit malheureux, mais qu'il ceſſe d'être heureux par la poſſeſſion de cet objet pour qu'il s'en dégoûte, & afin qu'ils puiſſent l'obtenir ; car l'homme n'envie point les avantages auxquels il ne peut aſpirer : ſi le ſpectacle du bonheur de celui qui poſſéde cet objet leur déplaît, c'eſt que tant qu'il ſera heureux par cet objet, ils ne peuvent eſpérer de le poſſéder. Ils n'euſſent point été envieux ſi l'on eût développé en eux la bienfaiſance, l'amitié, le deſir de l'eſtime, l'amour de la vertu qui procurent à l'homme des plaiſirs continuels & indépendants des objets du luxe.

Il en faut dire autant des autres envieux; un avare, par exemple, occupé sans cesse de projets pour gagner de l'argent, ou pour obtenir des places utiles, qui n'a du plaisir & du bonheur que par l'argent qu'il entasse ou qu'il place, qui ne connoît de moyens d'augmenter sa fortune, que la sollicitation, l'intrigue, les complaisances les plus avilissantes, la servitude & l'argent; un homme de ce caractere, desire ordinairement toutes les places que ses pareils obtiennent, tous les profits qu'ils font: il a donné de l'argent, il a sollicité, rampé pour les obtenir; il regarde le succès de ses concurrents comme une perte pour lui, comme une injustice qu'on lui a faite. Il a du chagrin de voir passer entre leurs mains, un bien qu'il a desiré, & qui est devenu nécessaire à son bonheur.

Ce que nous disons de l'avare,

convient à l'ambitieux, à l'homme passionné pour la célébrité, au gourmand, au voluptueux, à l'homme qui s'est fait de son mérite, de sa naissance, de ses qualités personnelles, une idée excessive, qui en est sans cesse occupé, qui pense que tout le monde doit s'en occuper, & que l'attention que l'on donne aux autres, les égards que l'on a pour eux, sont des vols qu'on lui fait; il souffre de toutes les distractions dans lesquelles on tombe à son égard, il est envieux.

Enfin il y a des atrabilaires qui souffrent toujours, & qui regardent la joie des autres comme la cause de leur insensibilité aux maux qu'ils souffrent; ils les regardent comme des ennemis, ils souffrent du bien qui leur arrive, parce qu'ils croient qu'il augmentera même leur insensibilité; ils sont envieux, mais ils sont malades, ils ne sont point dans l'état naturel de l'homme.

Ce n'est pas seulement de l'organisation de l'homme que naît l'envie, selon Spinosa, elle est selon lui, l'effet nécessaire de l'amour propre. L'homme s'aime, dit-il, il aime tout ce qu'il a, il contemple avec plaisir ses qualités, ses talents, c'est par l'idée avantageuse qu'il en a pris, qu'il est heureux; il desire tout ce qui peut l'augmenter, il hait tout ce qui l'affoiblit, il veut non-seulement posséder tout ce que les autres possédent, mais encore il est fâché qu'ils aient des choses semblables à celles qu'il a : ce qu'ils ont de bon l'humilie & lui cause du deplaisir. (1)

Spinosa se trompe : l'amour que nous avons pour nous-mêmes, ne nous fait point haïr dans les au-

____

(1) Etic. part. 3. p. 138. schol.

tres tout ce qui les éléve au-des-
fus de nous, ou qui les rend égaux
à nous : car nous avons vu que
nous eftimons dans les autres la
bienfaifance & les vertus fociales :
que nous aimons ceux qui les pra-
tiquent, & que nous defirons qu'ils
foient heureux. Spinofa reconnoît lui-même dans l'homme cette admiration, & cet amour pour
les vertus des autres, mais il prétend que nous n'aimons la vertu
que dans les hommes que nous
regardons comme des êtres d'une
nature différente de nous ; que
nous haiffons cette même vertu
dans nos égaux. (1)

Mais Spinofa fe trompe encore : car nous avons vu que la ref-
femblance dans les idées, dans les
mœurs, dans l'amour de la vertu,
étoit un principe d'amitié, & qu'un
ami voyoit avec plaifir les fuccès

____

(1) *Ibid. p.* 132.

& la prospérité de son ami. L'homme n'est donc pas naturellement fâché du bien qui arrive à un autre homme, parce qu'il est son égal. Il n'admire point la vertu, il ne l'aime pas parce qu'il la voit dans un être d'une nature différente de la sienne : c'est parce qu'il aime & qu'il admire la vertu, qu'il tire pour ainsi dire l'homme vertueux de la classe des hommes ordinaires, pour en faire un être d'une nature différente.

Enfin ce n'est pas toujours par un principe d'envie que les hommes sont fâchés du bonheur des autres, c'est souvent par un sentiment de justice, d'équité & d'humanité.

Si un homme, par exemple, est dur, hautain, superbe, tyrannique, il sera possible qu'on ait du chagrin du bien qui lui arrivera, comme on est fâché de voir augmenter la puissance & la force d'un ennemi. Le bien qui arrive à cet homme est un mal pour ses égaux, pour ses inférieurs, pour ses voisins, pour ses supérieurs même; le chagrin que son bonheur excite, s'étend aussi loin que son pouvoir.

Si sans être hautain ou superbe, cet homme parvient par l'intrigue, par des services domestiques, par de basses complaisances, par la calomnie, par la délation & par l'artifice aux charges, aux places, aux honneurs, aux avantages destinés à récompenser les vertus & les talents ou à les encourager : non-seulement ses égaux, mais ses supérieurs & ses inférieurs ; tous les honnêtes gens s'en offensent, ils en ressentent du chagrin, non parce que cet homme est heureux, mais parce qu'il l'est injustement, aux dépens de l'homme de mérite, & au préjudice de la chose publique. Le chagrin que l'on a du bien qui arrive à ces hommes, n'est point de l'envie, il n'est contraire ni à la sociabilité, ni à la subordination.

Dans l'examen que nous avons fait des besoins & des inclinations de l'homme, nous avons vu que la Nature ne rend nécessaires ni à son existence, ni à son bonheur les grandes richesses, les honneurs & la puissance, que peu de choses suffisent à sa nourriture, que par conséquent elle n'a rendu nécessaire, ni à son existence ni à son bonheur, la somptuosité de la table & les richesses qui la procurent, que la puissance à laquelle elle fait tendre l'homme, est celle qui procure la sécurité; que par conséquent elle ne le fait aspirer à aucun des objets de l'ambition. Qu'elle le porte à aimer & à estimer tous les hommes utiles, & à procurer leur bonheur; que par conséquent elle ne le porte

point à se chagriner du bien qui
leur arrive ; qu'elle l'a fait bienfaisant & capable de se dévouer au
bonheur de ses semblables ; que
par conséquent elle ne l'a pas fait
pour sentir du chagrin lorsqu'ils
sont heureux ; qu'elle lui a donné
dans sa conscience un Censeur
qui ne lui permet pas d'être heureux aux dépens du bonheur des
autres, & qui reproche à l'envieux
son envie.

L'envieux a donc étouffé toutes les inclinations bienfaisantes
qu'il a reçues de la Nature, il les
a toutes perverties, il a rompu
tous les liens destinés à unir les
hommes ; il s'est avili, il s'est dé-
gradé, il s'est rendu l'ennemi du
genre humain, il s'est mis dans la
classe des tygres, des lions & des
bêtes féroces qui ne subsistent que
par le malheur & par la désolation des autres animaux : voilà la
cause de l'indignation & de la

haine qu'excite l'envieux dans toutes les ames; voilà pourquoi, comme le dit M. de la Roche-Foucaut, l'envie est une passion timi-
de & honteuse que l'on n'ose jamais avouer.

Nous avons donc eu raison d'assurer que l'envie n'est point un
vice naturel à l'homme.

L'expérience à laquelle Spinosa & Mandeville en appellent, ne
leur est pas plus favorable que la
raison. On ne voit point dans tous
les hommes cette ambition aveugle & insensée, cette insatiable
avidité d'honneurs, de distinctions
& de richesses que Spinosa & Mandeville regardent comme essentielles à la nature humaine, & qui
produisent l'envie. L'histoire nous
offre des hommes, qui par un
sentiment de modération & de
modestie, se refusent constamment & sans faste à tout ce qui
peut flatter l'ambition, séduire

l'amour propre & satisfaire la cupidité. Citons-en quelques exemples : l'histoire de la Chine en est remplie.

» *Tié-y-u* étoit un homme du
» Royaume de *Ton*, qui vivoit du
» travail de ses mains, mais qui
» sous un extérieur simple & pau-
» vre, cachoit une haute sagesse.
» Le Roi qui faisoit cas de la vertu
» & qui connoissoit celle de son
» sujet, voulut l'employer. Il lui
» envoya un homme exprès, &
» deux chariots chargés de pré-
» sents, avec ordre de lui dire,
» que le Roi le prioit d'accepter
» avec ces présents le Gouverne-
» ment & l'Intendance générale de
» cette partie de ses Etats, qui étoit
» au midi du fleuve *Hoai. Toié-y-*
» *u* rit à ce compliment, mais sans
» répondre un seul mot ; & l'en-
» voyé fut obligé de s'en retourner
» avec ses présents sans avoir eu
» d'autre réponse.

» La femme de *Toié-y-u*, qui
» étoit alors absente, remarqua en
» retournant à la maison, des ves-
» tiges de chariots qui ne pas-
» soient pas plus loin que sa porte.
» Quoi ! mon mari, dit-elle, en
» rentrant, vous oubliez vous de
» cette vertu & de ce désintéresse-
» ment qui ont fait jusqu'ici vos
» délices ? il est venu des chariots
» à votre porte & ils n'ont point
» passé outre ? ils étoient chargés
» sans doute, car ils ont laissé de
» profonds vestiges ; qu'est-ce que
» cela, je vous prie ?

    » C'est le Roi, répondit le mari,
» qui me connoît mal, & qui croit
» que je vaux quelque chose, il
» veut me charger du Gouverne-
» ment d'une partie de ses Etats :
» il a envoyé un homme exprès,
» avec ces deux chariots de pré-
» sents, pour m'inviter à prendre
» cet emploi.

    » Il falloit tout refuser, reprit

»la femme, préfens & charges.

»*Toié-y-u* voulut voir fi c'étoit
»fincérement que parloit fa fem-
»me ; nous naiffons tous répondit
»il, avec une inclination naturel-
»le pour l'honneur & pour le bien.
»Pourquoi ne pas les accepter
»quand ils nous viennent ? Pour-
»quoi trouvez-vous à redire que
»j'aie été fenfible aux bienfaits du
»Roi ?

»Helas! répondit la femme tou-
»te affligée, la juftice, la droitu-
»re, l'innocence, en un mot la
»vertu eft bien plus en fureté dans
»une vie retirée & dans une hon-
»nête pauvreté, que dans l'em-
»barras des affaires & dans l'opu-
»lence. Etoit-il de la fageffe, de
»faire un fi dangereux échange?
»Nous fommes enfemble il y a
»long-temps : jufqu'ici votre tra-
»vail nous a fourni de quoi vivre,
»& le mien de quoi nous vêtir ;
»nous n'avons fouffert ni faim, ni

» froid. Quoi de plus charmant,
» qu'une pareille vie également
» innocente & tranquille ? ne de-
» viez-vous pas vous y tenir ? peut-
» être n'avez-vous pas fait atten-
» tion à la dépendance & à la ser-
» vitude que traînent après eux
» ces préfents & ces emplois : ils
» ôtent à l'homme une partie de
» fa liberté par rapport à la vertu :
» ils engagent à des égards qu'il
» eft fouvent difficile d'accorder
» avec une parfaite droiture & une
» exacte équité.

» Alors *Toié-y-u* content de fa
» femme, confolez-vous, lui dit-
» il, je n'ai accepté ni emploi, ni
» préfent.

» Je vous en félicite, dit la fem-
» me : mais il refte encore une cho-
» fe à faire : car être membre d'un
» Etat, & refufer de fervir le Prin-
» ce quand il le fouhaite, il y a là
» quelque chofe à redire. Reti-
» rons-nous, allons vivre ailleurs ;

» ils plierent donc leur petit baga-
» ge, ils changerent de nom fur
» la route, pour n'être pas recon-
» nus & ils paſſerent en un autre
» pays. (1)

Cette noble modération, ce
fage déſintéreſſement eſt pour les
Chinois un ſujet d'émulation, &
un objet de vénération & d'a-
mour : on les a vus ſe réunir autour de ceux qui en donnoient
l'exemple, comme on a vu les
hommes diſperſés ſe réunir autour
des ſages qui les policerent.

» *Lai-Tſe* s'étant retiré de bon-
» ne heure de tous les embarras du
» monde, menoit avec ſa femme
» une vie paiſible dans un endroit
» aſſez reculé : des roſeaux fai-
» ſoient les murailles de ſa maiſon:
» le toît étoit de paille : un lit de
» ſimples planches, & une natte
» de jonc étoient tous les meubles

____

(1) Du Halde, *t. 2. p.* 677.

» de la chambre. Lui & sa fem-
» me s'habilloient d'une toile assez
» grossiere. Leurs mets ordinaires
» étoient des pois qu'ils semoient
» & recueilloient de leurs propres
» mains. Il arriva qu'à la Cour de
» *Ton*, comme on s'entretenoit
» des anciens sages, quelqu'un par-
» la de *Laï-Tse*, comme d'un hom-
» me qui les égaloit en vertu. Il
» prit envie au Roi de l'appeller à
» la Cour, & de lui envoyer des
» présents pour l'inviter. On laissa
» entendre au Roi, que selon les
» apparences *Laï-Tse* ne viendroit
» pas. Sur quoi le Roi se détermi-
» na à l'aller trouver lui-même en
» personne. En arrivant à sa caba-
» ne, il le trouva qui faisoit des
» paniers propres à porter de la
» terre.

» Je suis, lui dit humblement le
» Roi, un jeune homme sans lu-
» mieres & sans sagesse, cepen-
» dant je suis chargé du poids d'un

» Etat que m'ont laissé mes ancê-
» tres : aidez-moi à le soutenir, je
» viens pour vous y inviter.

» Mon Prince , répondit *Lai-*
» *Tse* , je suis un villageois & un
» montagnard, tout-à-fait indigne
» de l'honneur, & encore plus in-
» capable de l'emploi que votre
» Majesté daigne m'offrir.

» Je suis jeune & presque sans
» secours, dit le Roi , faisant de
» nouvelles instances , vous me
» formerez à la vertu : je veux sin-
» cérement profiter de vos lumie-
» res & de vos exemples.

» *Lai-Tse* parut se rendre , & le
» Roi se retira.

» La femme de *Lai-Tse* reve-
» nant de ramasser un peu de bois
» à brûler : que veut dire ceci, dit-
» elle , que sont venus faire ces
» chariots , dont je vois les tra-
» ces?

» C'est le Roi lui-même en per-
» sonne , dit *Lai-Tse* qui est venu

» me propofer de prendre fous lui
» le Gouvernement de l'Etat.

» Y avez vous confenti, deman-
» da la femme ?

» Le moyen de refufer ? répon-
» dit *Lai-Tfe.*

» Pour moi, répondit la fem-
» me, je fais le proverbe qui dit,
» qui mange le pain des autres fe
» foumet à leurs coups : il peut très-
» bien s'appliquer à ceux qui font
» auprès des Princes : aujourd'hui
» en crédit, & dans l'opulence,
» & demain dans l'ignominie &
» dans les fupplices ; & tout cela
» fuivant le caprice de ceux qu'ils
» fervent. Vous venez donc de
» vous mettre à la difcrétion d'au-
» trui : je fouhaite que vous n'ayez
» pas lieu de vous en repentir,
» mais j'en doute ; & je vous décla-
» re pour moi que je n'en veux
» point courir les rifques : ma li-
» berté m'eft trop chere pour la
» vendre ainfi. Trouvez bon que

»je vous quitte : elle sort à l'inf-
»tant & se met en chemin.

»Son mari eut beau lui crier de
»revenir, & lui dire qu'il vouloit
»délibérer encore, elle ne daigna
»pas même tourner la tête. Mais
»allant tout d'une traite jusqu'au
»midi du fleuve *Kiang* elle s'y ar-
»rêta.

»Alors sentant naître en son
»cœur quelque inquiétude sur la
»maniere dont elle pourroit vivre,
»elle se répondit par ces paroles :
»les oiseaux & les autres animaux
»laissent tomber tous les ans plus
»de plumes, & de poils qu'il ne
»m'en faut pour me faire quelques
»habits ; il se perd dans les champs
»plus de grains & plus de fruits
»qu'il ne m'en faut pour me nour-
»rir.

»*Lai-Tse* touché du discours &
»de l'exemple de sa femme la sui-
»vit malgré son engagement : ils
»s'arrêterent tous deux au midi du

» *Kiang* : bien des gens les y suivi-
» rent & y transporterent leurs fa-
» milles. En moins d'un an il se
» forma là un nouveau village qui
» dans l'espace de trois ans devint
» une grosse bourgade. (1)

Ce n'est pas seulement dans le
simple citoyen de la Chine que
l'on trouve cette modération, on
la trouve dans les courtisans, dans
les favoris, dans les grands.

L'Empereur *Ming-ti* peu après
qu'il fût monté sur le trône, voulut donner un important emploi à
Yn-Long, qui sous le régne précédent avoit été avancé dans la
guerre : *Yn-Long* pour se dispenser d'accepter cet emploi adressa
au Roi le discours suivant.

» Prince, depuis dix ans & plus
» je suis dans les emplois : il est rare
» qu'on y avance si promptement
» & à si peu de frais que je l'ai fait ;

____

(1) *Ibid. p.* 678.

» j'en suis redevable aux bontés du
» feu Empereur, & j'en ai la recon-
» noissance que je dois ; mais je
» n'ignore pas aussi que les graces
» doivent avoir quelque propor-
» tion avec le mérite, & qu'une
» faveur excessive en élevant trop
» un homme l'expose aux plus
» grands revers : savoir s'arrêter où
» il faut, est une maxime de sagesse
» pour tout le monde : elle me con-
» vient plus qu'à personne : aussi
» suis-je très-éloigné d'ambitionner
» de nouveaux honneurs, & je le suis
» encore plus de vouloir les obte-
» nir au préjudice de ceux qui en
» sont plus dignes que moi : je suis
» monté sous le feu Empereur,
» aux premiers grades de la mili-
» ce ; j'en suis redevable bien moins
» à mon mérite & à mes services,
» qu'aux bontés que lui inspiroit
» pour moi une alliance des plus
» proches. Cependant comme il
» se produisoit alors très-peu de

» gens qui fussent de mise, cette di-
» sette à pu justifier l'honneur qu'il
» m'a fait. Aujourd'hui les choses
» sont sur un autre pied. Sous l'heu-
» reux régne de votre Majesté,
» nous voyons à la Cour & dans
» les Provinces un grand nombre
» de gens du premier mérite, tous
» également attachés à votre ser-
» vice, me donner dans ces con-
» jonctures l'emploi que votre Ma-
» jesté veut bien m'offrir, & réunir
» en ma personne ce qu'il y a de
» plus important dans la robe &
» dans les armes, souffrez, que je
» le dise, c'est ce me semble vous
» éloigner de cette souveraine
» équité qui a déja rendus si célé-
» bre, les commencemens de vo-
» tre régne. C'est du moins donner
» occasion à ce que l'on vous soup-
» çonne de vous conduire par des
» inclinations particulieres.
» Etant frere de l'Impératrice je
» vous appartiens de près. Vous

» savez combien dans les siécles
» passés l'élévation de tels alliés
» a causé de troubles, & combien
» le souvenir de ces malheurs rend
» odieux à tout l'empire le choix
» qu'on fait d'eux, surtout pour des
» emplois qui leur donnent part
» au gouvernement. Profitez de
» ces connoissances: quand j'aurois
» des talents plus grands que je
» n'ai , quand vous les jugeriez
» vous pouvoir être très-utiles, il se-
» roit toujours de la sagesse de vous
» en priver plutôt que d'aller con-
» tre un préjugé si universel , &
» fondé sur tant de tristes événe-
» mens. Vouloir absolument passer
» par dessus, ce seroit nourrir les
» soupçons & les murmures dans
» le cœur de vos Sujets, & vous ex-
» poser aux plus grands malheurs,
» il ne suffiroit pas même pour pa-
» rer à ces inconveniens que vos
» Ministres & vos grands Officiers
» pénétrassent la droiture de vos
intentions

»intentions & approuvaſſent votre
»choix : car enfin le moyen qu'ils
»allaſſent de porte en porte le
»juſtifier à tout l'Empire ?

»J'aimerois naturellement au-
»tant qu'un autre à voir augmen-
»ter mes richeſſes & mes titres, je
»ſuis fort éloigné d'être inſenſible
»aux nouveaux honneurs que vo-
»tre Majeſté veut bien m'offrir.
»D'ailleurs la maniere dont elle
»l'a fait & le rang qu'elle tient, me
»font craindre qu'elle ne s'offenſe
»de mon refus, & que ce refus ne
»m'expoſe à perdre mon rang,
»même la vie.

»Quoique j'aie bien peu de
»lumieres, je ne ſuis pas aveugle
»juſqu'à ce point, que de vouloir
»ſans raiſon m'expoſer à vous dé-
»plaire, & à tout ce qui peut s'en-
»ſuivre. Mais inſtruit par les évé-
»nemens des temps paſſés, je
»crains d'être une occaſion de
»troubles, & le bien de votre état

»m'est plus cher que ma fortune
» & que ma vie ; c'est ce qui m'a
»fait souhaiter plus d'une fois de
» me retirer, & c'est ce qui m'en-
»gage à refuser le nouvel emploi
»dont votre Majesté m'honore.
» Pesez je vous en prie le motif
»que j'ai de vous représenter li-
»brement qu'il ne convient point
»que je l'accepte.

»Si votre Majesté juge que de
» lui résister ainsi ce soit un crime,
»j'en subirai le châtiment sans re-
»gret, & je regarderai le jour de
»ma mort comme le commence-
»ment de ma vie. (1)

Les regiftres de la Chine font
remplis de pareils exemples de
modération. On y voit de simples
citoyens, des courtisans, des let-
trés, des mandarins de tous
les Ordres qui refusent des richef-
ses, des charges, des dignités.

____

(1) *Ibid.* p. 476.

parce qu'ils connoiſſent des citoyens qui en ſont plus dignes
qu'eux.

Les hiſtoires Grecque & Romai-
ne offrent des exemples fréquens
de modération & de modeſtie : Socrate & Ariſtide n'envierent point
aux riches d'Athènes leurs richeſſes & leurs délices ; Phocion re-
fuſa ſans orgueil & ſans oſtenta-
tion les biens dont Alexandre vouloit le combler , & même la ſou-
veraineté d'une Ville. (1)

Le ſuccès d'un concurrent n'é-
toit point un ſujet d'humiliation
& de chagrin à Sparte. « Pedarete
» ayant failli à être reçu au conſeil
» des trois cents qui étoit le dégré
» le plus honorable de toute la
» choſe publique , ſortit de l'aſ-
» ſemblée tout riant & tout gai ;
» les Ephores le firent venir , &
» lui demanderent pourquoi il

____

(1) Plut. vie de Phocion.

» rioit ? pour ce, dit-il, que je me
» réjouis avec notre Ville de ce
» qu'elle a trois cents, hommes
» plus gens de bien que moi. (1)

Aristide, émule de Themistocles, n'employa jamais contre lui
que l'amour du bien public, la
raison & la justice : il fut banni
d'Athènes par les brigues de Themistocles ; & lorsque Xerxès atta-
quant la Grece, Athènes rappel-
la les bannis, Aristide au travers
de mille périls se rendit auprès de
Themistocles, & lui dit : « The-
» mistocles, si nous sommes sages,
» nous renoncerons déformais à
» cette vaine & puérile dissension
» qui nous a agités jusqu'ici, & nous
» nous jetterons dans une émula-
» tion, plus honorable & plus sa-
» lutaire, en combattant & en
» faisant à qui mieux pour sau-
» ver la Grece, vous en comman-

____

(1) Plutar. dits not. des Lacéd.

» dant & en faifant le devoir d'un
» bon Capitaine, & moi en vous
» obéiffant & en vous aidant de
» ma perfonne & de mes con-
» feils. (1) »

Après cette ouverture, Ariftide
fervit Themiftocles comme Pyla-
de eût fervi Orefte.

» Les grands hommes chez les
» Romains ne difputoient entre
» eux que de gloire : émulation
» bien avantageufe aux peuples
» qui vivoient dans un pareil gou-
» vernement, dit Diodore. Par-
» mi les autres Nations les puif-
» fans font jaloux & envieux les
» uns des autres ; mais les Romains
» fe louent, fe foutiennent mu-
» tuellement, & ne s'occupent que
» de l'utilité publique; ce concours
» d'intentions les porte à faire de
» très-grandes chofes. (2)

---

(1) Plutar. vie d'Ariftide.
(2) Diod. Fragm. du *l.* 2.

E 3

Voilà à quoi se réduit cette prétendue expérience à laquelle Mandeville & tant de gens après lui en appellent avec tant de confiance.

Il y a des personnes qui croient qu'on trouve dans la loi de l'Ostracifme une preuve plus certaine que l'envie eft un vice naturel à l'homme : on banniffoit par cette Loi, pour dix ans, les citoyens qui fe diftinguoient par leurs richeffes, par leurs talents, par leurs vertus mêmes : on appelloit ce jugement, dit Plutarque, un rabais & une diminution de l'orgueil qui croiffoit trop, de la puiffance qui devenoit à charge ; mais dans la vérité c'étoit un innocent & doux allegement de l'envie : Ariftide même ne fut-il pas la victime de cette envie ? ne vit-il pas un Payfan qui ne le connoiffoit pas, & qui ne donna fon fuffrage contre lui, que parce qu'il étoit fatigué de l'entendre toujours appeller le juste. (1)

Si l'on veut bien examiner l'origine de la loi de l'Ostracisme, on verra qu'elle n'est point un effet de l'envie : elle fut vraisemblablement portée d'abord contre les factieux ; il est certain qu'on l'étendit aux personnes recommandables par leurs talents, & même par leurs vertus, parce qu'on craignoit qu'elles n'abusassent de l'autorité que leur donnoit la vertu même.

La constitution du gouvernement d'Athènes avoit pour objet l'égalité des citoyens; cette égalité produisoit entre eux une espece d'équilibre sans lequel ils croyoient qu'il n'y avoit plus de liberté : or ils croyoient que cet équilibre étoit rompu par les talents supérieurs, par la vertu éminente, &

____

(1) Vie d'Aristide.

E 4

c'eſt pour cela que tous les états démocratiques avoient leur Oſtraciſme. (1)

Le banniſſement d'Ariſtide n'eut pas d'autre motif : Themiſtocles & ſes émiſſaires alloient publiant qu'Ariſtide avoit aboli tous les Tribunaux, en jugeant tout par lui même, & diſoient qu'en ſe rendant ſeul arbître de tous les différens, il s'étoit fait une Monarchie ſans pompe & ſans appareil. (2)

A l'égard du Payſan qui ſans connoître Ariſtide, étoit bleſſé & fatigué de l'entendre appeller le *Juſte*, on ne peut en conclure que l'homme porte naturellement envie à la vertu : il eſt poſſible que ce Payſan ne fût pas un honnête homme, & que le titre ſeul de *Juſte* le rendît ennemi d'Ariſtide : le baniſſement de cet Athé

***

(1) Ariſt. Polit. *l.* 5. *c.* 3.
(2) Vie d'Ariſtide.

nien fut l'ouvrage d'une cabale,
& la cabale ne choisit pas les Profe-
lytes parmi les hommes vertueux.

Cette loi connue chez les Athéniens sous le nom d'Ostracisme,
s'étoit établie à Syracuse sous le
nom de Pétalisme. Les Syracusains
troublés continuellement par les
factions des ambitieux qui aspi-
roient à la tyrannie, établirent
des assemblées dans lesquelles on
écrivoit sur une feuille d'olivier
le nom de celui qui paroissoit le
plus puissant de la ville ; après
quoi l'on comptoit les feuilles, &
celui dont le nom se trouvoit sur
un plus grand nombre de feuilles,
étoit banni pour cinq ans. Ainsi,
dit Diodore, cet exil au lieu d'ê-
tre la punition d'un crime commis, n'étoit qu'une précaution
contre un pouvoir dangereux. Les
Syracusains l'abolirent lorsqu'ils
virent que les Citoyens les plus
capables de servir la patrie par

leurs vertus, ou par leur crédit, s'éloignoient des affaires publiques pour ne pas encourir la loi du Pétalisme. (1)

Non-seulement, la Nature ne fait pas naître l'homme envieux, elle rend encore le malheur inséparable de l'envie. Tout ce qui arrive d'utile ou d'agréable aux autres est un supplice pour l'envieux, elle souleve tout le monde contre lui, tandis qu'elle inspire à tout le monde du respect, de l'attachement, de l'amour pour l'homme bienfaisant, pour le citoyen zélé, pour l'ami des hommes ; elle le force par tous ces moyens de réfléchir sur lui-même, & de voir qu'il n'est malheureux que parce qu'il est injuste ; elle le dispose par ce moyen à se reconcilier avec les autres hommes, & à les aimer ; & par conséquent à

____

(1) Diod. *l. 10.*

ne plus leur envier leurs avantages. Comment donc ose-t-on dire
que l'envie est un vice naturel à
l'homme ?

ARTICLE III.

*L'orgueil & la vanité sont con-
traires à la subordination, mais
ce ne sont point des affections
données par la Nature.*

L'ORGUEIL est la conviction que
l'homme a de posséder des qualités qui le rendent grand en lui-
même, & supérieur aux autres
hommes, jointe à un sentiment
de mépris & d'indifférence, ou
d'insensibilité pour les autres, &
à un sentiment de complaisance
pour lui-même qui tend à le rendre heureux indépendamment de
l'estime, des éloges & des hommages des autres hommes.

La vanité est une opinion excessive que l'homme conçoit de lui-même, jointe à un desir vif d'obtenir des témoignages de respect, d'estime & de considération qu'il croît dûs à son mérite, qui justifient & qui confirment l'idée qu'il en a.

L'orgueil, comme on le voit, éléve l'homme au-dessus des loix: il le rend indifférent au bonheur des autres, à la gloire de sa patrie, au bonheur public; il autorise l'orgueilleux à tout entreprendre pour satisfaire ses passions.

Il faut à l'homme vain, comme dit Mandeville, des hommages, du-respect, des louanges, des esclaves, pour satisfaire sa vanité, il sacrifie même à ce desir son repos & ses plaisirs; comme l'orgueilleux il sacrifie à ce besoin, ses devoirs & les loix, & comme dit M. de la Roche-Foucaut, si la vanité ne renverse pas entierement les vertus, du moins elle les ébranle toutes.

Nous reconnoiſſons donc que l'homme ne ſeroit pas capable de la ſubordination néceſſaire pour le bonheur des ſociétés, s'il étoit eſſentiellement & inflexiblement orgueilleux & vain : mais il eſt certain que l'orgueil & la vanité ne ſont point des vices eſſentiels à l'homme.

Ce n'eſt point la Nature qui donne à l'homme cette idée exceſſive de ſon mérite, qui fait l'eſſence de l'orgueil & de la vanité : elle dépoſe dans ſon cœur le deſir de s'eſtimer & d'être eſtimé des autres, mais elle lui donne la raiſon pour lui faire connoître les bornes de ſes facultés, de ſes connoiſſances & de ſes talents.

Les forces ſupérieures de beaucoup d'animaux, les infirmités de l'homme, les maladies auxquelles il eſt ſujet, la fragilité des reſſorts qui entretiennent sa vie, l'action puissante des éléments à laquelle il est soumis; les loix qui régissent le monde physique, & qu'il ne peut changer, la puissance immense, l'intelligence infinie qui meut & gouverne l'univers, sont autant de moniteurs & de maîtres qui font connoître à l'homme sa foiblesse, & qui ne lui permettent pas de se considérer comme un être important dans le système général de la Nature, comme une partie principale du monde, comme un être puissant dans l'univers. Il n'est à tous ces égards rien de plus que l'homme du peuple: la vie ou la mort de l'homme puissant ne cause pas dans l'ordre de la nature, plus de changement que la vie ou la mort de l'homme le plus obscur, le plus foible & le plus vil.

La Nature ne lui fait pas sentir moins vivement sa foiblesse & sa

petitesse dans l'ordre civil & politique : elle lui apprend qu'un caprice, une fantaisie, peut soule-
ver les hommes dont la soumission & l'obéissance font sa grandeur & sa puissance ; elle lui apprend que mille accidents peuvent l'en dépouiller. Un bain trop
froid anéantit la puissance d'Alexandre ; un grain de sable fit
échouer les projets de Cromwel :
» Cromwel alloit ravager la chré-
» tienté, la famille Royale étoit
» perdue, & la sienne à jamais puis-
» sante, sans un petit grain de sa-
» ble qui se mit dans son uretere,
» Rome même alloit trembler sous
» lui ; mais ce petit grain de sable
» qui n'étoit rien ailleurs, mis en
» cet endroit : le voila mort, sa fa-
» mille abaissée, & le Roi réta-
» bli. (1)

Voilà quelle est la grandeur de

____

(1) Pascal, pensées sur la vanité. n. 156.

l'homme confidéré dans l'ordre politique ou civil. Un grain de fable fait la grandeur ou la petiteſſe, l'élévation ou l'abaiſſement.

Toutes les facultés, dont la Nature a doué l'homme, tous les talents qu'elle lui accorde, tiennent à des imperfections qui lui font fentir fa foibleſſe, & qui doivent naturellement produire celui des fentiments de modeſtie & d'humilité : » Le plus grand Philoſophe » du monde, fur une planche plus » large qu'il ne faut pour marcher » à fon ordinaire, s'il y a au-deſſous » un précipice, quoique fa raiſon » le convainque de fa fureté, fon » imagination prévaudra. Pluſieurs » n'en fauroient foutenir la penſée » fans pâlir & fuer. Qui ne fait qu'il » y en a, à qui la vue des chats, » des rats, l'écraſement d'un charbon emportent la raiſon hors des » gonds ? . . . .

» L'efprit du plus grand hom-

» me du monde n'est pas si indépen-
» dant qu'il ne soit sujet à être trou-
» blé par le moindre tintamare qui
» se fait autour de lui : il ne faut
» pas le bruit d'un canon pour em-
» pêcher ses pensées, il ne faut
» que le bruit d'une girouette ou
» d'une poulie. Ne vous étonnez
» pas s'il ne raisonne pas bien à
» présent ; une mouche bourdon-
» ne à ses oreilles, & c'en est assez
» pour le rendre incapable de bon
» conseil ; si vous voulez qu'il puis-
» se trouver la vérité : chassez cet
» animal qui tient sa raison en
» échec, & trouble cette puissan-
» te intelligence qui gouverne les
» Villes & les Royaumes (1).

La raison ne connoît avec certitude qu'un petit nombre de choses ; le spectacle de la Nature qui
charme l'esprit humain, est un

---

(1) Pascal, pensées sur la vanité & sur la foiblesse de l'homme.

myſtere, s'il veut en pénétrer les reſſorts ; il eſt à lui-même à bien des égards un myſtere : les découvertes dans les Sciences & dans les Arts , ſont préparées par les ſiécles précédens , quelquefois elles ſont offertes par le haſard, preſque toujours elles ſont le fruit d'un travail opiniâtre : pour y arriver, on paſſe par mille bévues, on pourſuit mille chimeres, on tombe dans mille erreurs.

Il en eſt de même des productions des talents, ce n'eſt qu'après mille tâtonnemens, mille corrections , mille ratures, que l'homme qui a le plus de talents, parvient à donner quelque choſe d'eſtimable : ainſi la nature en donnant à l'homme la raiſon , lui donné un maître qui ne lui permet pas de s'enorgueillir de ſes forces, de ſes richeſſes, de ſon eſprit , de ſes talents , de ſes lumieres , puiſqu'elle lui fait voir dans tous ces avantages, des bornes étroites, & que dans quelque degré qu'il les posséde, il ne sera jamais dans la nature qu'un être foible, ignorant & petit.

S'il ose s'enorgueillir, ce ne sera qu'en se comparant aux autres hommes, qui seront dépourvus de sa force, de ses richesses, de ses lumieres, de ses talents, ou qui n'auront pas sa naissance.

Mais la raison vient encore le garantir de l'orgueil que cette comparaison pourroit lui inspirer : elle lui fait voir que la naissance est l'effet d'une infinité de hasards; que n'étant ni le fruit, ni le principe du courage, des lumieres, de l'esprit, des talents, elle n'a en elle-même rien qui puisse rendre l'homme qui en est avantagé, plus estimable, que celui qui en est privé.

Elle dit la même chose à l'homme riche; elle le dit à l'homme de génie, de lumieres & de talents;

foit que les hommes naiffent avec les mêmes talents, foit qu'ils foient des dons que la nature diftribue inégalement, l'homme ne peut y trouver un motif d'orgueil : 1°. Parce qu'il ne s'eft pas donné ces talents, 2°. parce que ceux aux-quels, il fe croit fuperieur par fes talents, en ont peut-être reçu d'é-gaux, ou même de plus grands, qui ont été étouffés par le malheur, ou dépravés par l'éducation qu'ils ont reçue ; 3°. parce que ceux qui n'ont pas ces talents, ont peut-être des qualités auffi eftimables que les talents dont ils font privés. 4°. Parce qu'il a été furpaffé ou égalé & qu'il fera furpaffé. 5°. Parce que fa fuperiorité n'eft ja-mais univerfellement reconnue & que par conféquent elle eft pref-que toujours douteufe. 6°. Parce que dans les productions dont on s'applaudit le plus il y a de grands défauts & que fouvent les choses qu'on y admire le plus, sont empruntées ou imitées, & ne sont regardées comme des traits de génie, que par les ignorans.

Dans tous les hommes la raison s'unit à la conscience pour leur demander si leur grandeur, leur élévation, leur crédit leurs richesses ne sont pas l'effet de l'intrigue & de la cabale, la récompense de la bassesse, le salaire du crime ou l'ouvrage du hasard.

La raison & la conscience ne laissent donc aucun prétexte à l'orgueil ou à la vanité : c'est l'ignorance & l'éducation qui rendent les hommes orgueilleux & vains. Pour s'en convaincre, il ne faut qu'examiner l'orgueil & la vanité dans leur naissance, & les suivre dans leurs progrès.

Le desir de l'estime est naturel à l'homme, il se développe, & agit dans l'enfant aussi-tôt qu'il peut réfléchir : c'est par des louan-

ges, par des marques d'affection,
par des distinctions assorties à ses
idées & à son état, qu'on l'excite
& qu'on le porte à l'application
& au travail : on l'éléve au dessus
de ses pareils ; comme il ne distin-
gue pas encore si c'est par son travail, ou par les soins de ses maîtres qu'il s'est élevé au-dessus de
ses pareils, il croit avoir en partage une ame supérieure : il pense
qu'il a reçu de la nature des dons
qu'elle a refusés aux autres ; qui
par les mêmes raisons croient
aussi qu'il est supérieur à eux ; on
témoigne de l'indifférence, du dédain, du mépris à ceux qui ne l'é-
galent pas, on le propose pour
modéle ; on excuse ses fautes, on
punit sévérement les mêmes fautes dans les autres : en le louant
sur ses petits succès, on ne lui fait
pas connoître ses défauts ; en ad-
mirant ses progrès, on ne lui fait
point sentir combien il est éloigné

de la perfection, combien il s'en faut qu'il n'égale les hommes diftingués; il ne voit que lui & fes inférieurs; il ne fe forme une idée de fa perfonne, que fur l'admiration que lui témoignent fes maîtres, c'eft-à-dire les hommes qui font à fes yeux les plus éclairés : il prend pour fes camarades le mépris qu'il voit que fes maîtres ont pour eux : il juge que les éloges, les témoignages d'eftime & de confidération qu'on lui donne, les égards qu'on a pour lui, font dûs aux dons qu'il a reçus de la nature & à fon propre travail : dès ce moment il fe croit effentiellement eftimable & admirable : l'idée qu'il fe fait de fon mérite, de fon excellence & de fa perfonne, lui offre un fpectacle agréable, il s'en occupe avec plaifir, elle fuffit à fon bonheur, il peut être heureux par la contemplation feule de fon mérite, par l'idée feule de fa fupériorité sur les autres qu'il méprise & auxquels il ne s'intéresse plus, parce qu'il ne ne les voit plus comme ses semblables, il est d'une espece différente, il est orgueilleux, mais il l'est de la façon de ses maîtres, son orgueil est l'effet de son éducation.

Si les maîtres ne l'avoient pas conduit & entretenu dans l'illusion, les fautes qu'il commettoit, l'auroient humilié, les difficultés qu'il auroit éprouvées pour réussir, l'auroient empêché de prendre une haute idée de sa capacité, de ses talents, de son esprit ou des avantages pour lesquels il s'estime ; ses camarades qui auroient connu ses fautes, ne lui auroient pas permis de les ignorer, il n'auroit vu ses succès qu'avec ses imperfections, il auroit senti qu'il les devoit aux soins de ses maîtres : rien ne rendoit à produire en lui cette idée excessive qu'il s'est faite de son mérite.

Comme

Comme l'orgueilleux, l'homme vain eſt l'ouvrage de l'éducation & non de la nature : un enfant qui eſt loué pour quelqu'avantage que ce ſoit, s'eſtime plus que celui qui en eſt privé : ſi cet avantage lui attire des témoignages d'amitié ou de conſidération, il prend une haute idée de cet avantage, il croit que les témoignages extérieurs de reſpect, d'eſtime, de conſidération, les égards qu'on lui marque, ſont dûs à l'avantage qu'il poſſéde. L'enfant auſſi bien que l'homme fait, eſt flatté d'être aimé, eſtimé, conſidéré : les témoignages extérieurs de conſidération plairont donc à l'enfant, dont nous parlons, comme ſpectacle & comme preuve de l'excellence qu'il ſuppoſe en lui, principalement ſur l'autorité de ces témoignages : heureux par ces hommages & par l'idée qu'ils lui donnent de lui-même, il ne cherchera

Tome II.   F

point le bonheur dans d'autres
sources ; si ses maîtres ne lui en ouvrent point d'autres, il sera toujours
occupé hors de lui-même , pour
savoir par les égards qu'on lui mar-
quera, l'idée qu'il doit avoir de lui-
même ; il sera donc heureux par
les impressions qu'il fera sur les
autres hommes.

Comme l'homme veut néces-
sairement & toujours être heureux,
cet enfant devenu homme , aura
besoin sans cesse de recevoir des
éloges , d'attirer l'attention , d'exciter l'admiration : il tombera dans
l'ennui aussi-tôt que ses sens ne seront plus frappés par des témoignages d'estime & d'admiration,
il sera malheureux si on les lui refuse , il haïra ceux qui les lui refu-
feront, comme l'homme pressé par
la faim hait l'homme qui lui refuse
du pain : il aimera tous ceux qui
le loueront & qui l'admireront : il
aura pour amis intimes, pour con-

fidents les hommes les moins capables de mettre des bornes ou
des restrictions à leur admiration;
cet homme sera un homme vain;
mais il ne le sera devenu que par
le vice de son éducation, la nature, si elle n'avoit pas été contre-
dite par les maîtres de l'enfant,
l'auroit garanti de la vanité, elle
lui auroit appris à chercher le bonheur dans la bienfaisance, dans
l'amitié, dans la satisfaction que
procure à l'homme l'accomplissement de ses devoirs; elle lui auroit
appris à être heureux indépendamment des témoignages extérieurs
de considération que le vaniteux
recherche avec passion. La raison
lui auroit appris que ces respects,
ces éloges ne font précieux &
flatteurs qu'autant qu'ils se rendent
à la vertu ou au mérite réel, &
par des hommes éclairés & vertueux : en suivant la nature & la
raison, il auroit bien plus desiré de

les mériter que de les obtenir ; enfin la raison aidée de l'expérience, lui auroit appris que l'on a prodigué les louanges & les hommages à des hommes médiocres & méprisables ; que souvent ils sont un ressort employé par l'intérêt , & non pas un tribut offert par l'estime ; qu'ainsi ce n'est point par les louanges qu'il faut que l'homme apprenne à s'estimer : s'il n'est pas impossible, du moins il est bien difficile que la vanité naisse dans un esprit qui réunit ces idées & ces sentimens ; la Nature ne produit donc point l'homme avec l'orgueil & avec la vanité, ce sont deux vices donnés par l'éducation.

Ce que l'éducation fait sur les enfans, sur les jeunes gens, les sociétés particulieres, les cotteries, les cabales, les partis le font sur les hommes plus âgés. Tout le monde peut en être convaincu en refléchissant sur tout ce que je pourrois dire pour le prouver.

Mais, dira-t-on, n'y a-t-il pas dans tous les hommes un principe d'orgueil &, de vanité? &, comme dit M. Pascal, malgré la vue de de toutes nos miseres qui nous touchent, & qui nous tiennent à la gorge, n'avons nous pas un instinct que nous ne pouvons réprimer, & qui nous éléve?

Oui, sans doute, mais cet instinct n'est ni de l'orgueil, ni de la vanité; cet instinct ne tend point à nous élever au-dessus des autres hommes, mais au-dessus des êtres insensibles & périssables : il tend moins à nous enorgueillir de nos avantages qu'à nous consoler des malheurs de notre condition, à rehausser dans notre esprit les autres hommes, & non pas à les rabaisser, parce que c'est la nature humaine que cet instinct éléve & aggrandit à nos yeux, & non un homme en particulier. » L'hom-

»me, dit Pascal, n'est qu'un ro-
»seau, le plus foible de la nature,
»mais c'est un roseau pensant : il
»ne faut pas que l'univers entier
»s'arme pour l'écraser. Une va-
»peur, une goutte d'eau suffit pour
»le tuer ; mais quand l'univers l'é-
»craseroit, l'homme seroit encore
»plus noble que ce qui le tue, par-
»ce qu'il sait qu'il meurt, & l'avan-
»tage que l'univers a sur lui, l'uni-
»vers n'en sait rien ; ainsi toute no-
»tre dignité consiste dans la pensée,
»c'est de-là qu'il faut nous relever,
»non de l'espace ou de la durée.

L'instinct qui nous éléve, aggrandit les autres hommes à nos yeux,
il nous fait voir en eux des êtres
aussi grands que nous par leur origine, par leur essence, & par leur
destination, des êtres qui ne différent de nous que par des choses
accidentelles & momentanées.

C'est par l'accomplissement de
ses devoirs par la conformité aux

ordres de la raifon par la pratique
des vertus fociales, que la nature
rend l'homme grand à fes propres yeux, elle le force de fe mé-
prifer lui-même, quelque célébrité qu'il ait acquife, s'il eft injufte,
inhumain & déraifonnable : ce
n'eft à aucun des objets de l'orgueil ou de la vanité, qu'elle attache l'approbation de foi même,
& par conféquent l'idée & le fentiment de la vraie grandeur; c'eft
par cette approbation qu'elle éléve en effet l'homme, c'eft à cette
efpèce de grandeur que les hommes ont rendu les premiers hommages, ce n'eft qu'à elle qu'ils en
rendent de finceres & de conftants,
& nul homme ne peut fe difpenfer
de les rendre ; c'eft donc à cette
efpèce de grandeur que la nature
fait tendre l'homme par l'inftinct
qui l'éléve.

L'orgueil qui n'a pour objet que
des avantages particuliers, & des

F 4

qualités personnelles, est donc l'effet de l'ignorance, c'est une petitesse, une sottise : » cet excès, dit
» Montagne, naît seulement en
» ceux qui ne tâtent que superficiel-
» lement . . . Si quelqu'un s'enivre
» de sa science, regardant sous soi :
» qu'il tourne les yeux au-dessus,
» vers les siécles passés, il baissera
» les cornes, y trouvant tant de
» milliers d'esprits qui le foulent
» aux pieds : s'il entre en flatteuse
» présomption de sa vaillance, qu'il
» se ramentoive les vies de Scipion,
» d'Epaminondas, de tant d'ar-
» mées, de tant de peuples qui le
» laissent si loin derriere eux. Nul-
» le particuliere qualité n'enor-
» gueillira celui qui mettra quand
» & quand en compte, tant d'im-
» perfections & foibles qualités au-
» tres qui sont en lui, & au bout,
» la nihilité de l'humaine condi-
» tion. (1)

____

(1) Essais de Montagne, l. 2, c. 6.

Comme l'orgueilleux & l'homme vain offense tout le monde,
il se forme une espece de ligue
contre lui, chacun s'occupe à rechercher en lui le principe de son
orgueil & de sa vanité. On appré-
cie sans exagération ses talents &
ses qualités ; on étudie son carac-
tére ; on est attentif à toutes ses
actions, on pese toutes ses paroles : toute sa personne devient l'objet d'une espece d'inquisition générale & publique.

Il n'y a point d'homme pour
qui cet examen ne soit redoutable, mais il est mille fois plus ter-
rible pour l'orgueilleux & pour le
vaniteux.

Comme ce n'est qu'en s'exagé-
rant extrêmement ses petits avantages que l'homme devient orgueilleux & vain, on découvre
aisément que son orgueil & sa
vanité sont produites par une illusion grossiere ; on le regarde com-

me un visionnaire; &, selon Bâcon,
comme une espece de bouffon ;
on le juge ridicule & méprisable :
mais comme son orgueil offense,
on le regarde comme un ennemi,
& on l'attaque ; on lui revele à lui-
même tous les défauts, toutes les
imperfections qu'il se cachoit ; on
veut qu'il connoisse combien son
erreur & son illusion sont grossie-
res, & combien on le méprise.
Toutes les actions qui ont rapport
à cet homme, tous les discours
qu'on lui adresse, se ressentent de
cette disposition générale des esprits ; on lui dit à chaque instant
qu'il est petit & méprisable & on
le lui prouve : ce jugement una-
nime & continuellement repété,
l'inquiéte, l'humilie & le rappelle
à lui-même, lui fait prendre de
justes idées de sa personne, & le
corrige ; on le force de se sépa-
rer d'une société qui attaque sans
cesse son bonheur, & qui le trou-

ble. Il est obligé de s'anéantir pour ainsi dire lui-même. Dans cette espece de néant, il conserve le souvenir de l'improbation générale, du peu de cas que le public fait des choses qu'il admire dans sa propre personne, du mépris qu'il a pour ses qualités qu'il croit que toute la terre doit révérer en lui. Il n'y a point d'homme, quelqu'orgueilleux qu'il soit, qui puisse connoître toutes ces choses sans en être affligé; ainsi la Nature attache le malheur à l'orgueil comme à tous les vices contraires à la société.

Mais n'y a-t-il pas un orgueil estimable, un noble orgueil, c'est-à-dire un sentiment élevé, qui donne une raisonnable confiance en son propre mérite, qui porte à faire de grandes choses, & qui éloigne de toute sorte de bassesses?

Je réponds, que ce sentiment

élevé que l'homme prend par l'idée de son propre mérite, est toujours un orgueil blamable. Il est certain, par ce que nous avons dit, que l'homme ne peut prendre ce sentiment élévé de son mérite personnel, sans se l'éxagerer, sans abaisser injustement les autres à ses yeux, & sans avoir un sentiment de mépris pour eux, c'est toujours l'erreur d'un petit homme, ou d'un petit caractere, d'un sot ou d'un enthousiaste.

Si le grand homme, l'homme éclairé découvre sa supériorité sur les autres, il la regarde comme un avantage qui doit le rendre plus indulgent pour leurs fautes, & non pas comme un mérite qui l'autorise à s'élever avec fierté au-dessus d'eux. Telle étoit l'idée que Descartes avoit de sa personne; il ne se croyoit naturellement supérieur en génie à aucun homme, & il se croyoit inférieur à plu-

fieurs en fagacité, en imagination.
Il regardoit le progrès qu'il avoit
fait dans les Sciences, comme
l'effet de quelques idées que le
hazard lui avoit offertes. Pour être
orgueilleux il faut fe féparer de
toutes ces circonftances & de toutes ces caufes, il faut ne voir que
foi-même, & ne pas connoître les
autres hommes. Le noble orgueil
eft donc toujours un fot orgueil.

Je ne fais pourquoi l'on prétend que l'orgueil même noble,
porte à faire de grandes chofes :
il tend au contraire à tenir l'homme dans la contemplation de foi-
même, dans l'indifférence pour
les autres, & dans l'inaction.

Il eft vrai, que quelquefois l'orgueilleux fatigué de l'admiration
qu'il éprouve en fe contemplant,
& pour fe délaffer, fort, pour ainfi
dire, hors de lui-même, & defcend
jufqu'aux autres hommes : mais
alors il publie les merveilles qu'il y

a découvertes, il n'agit que pour se faire rendre des hommages ; il ne sort de son repos que pour étonner, & pour ravir ; il cherche, non à être utile, mais à faire des choses singulieres qui attirent l'attention & qui surprennent.

Enfin, ce n'est point le noble orgueil qui garantit l'homme de la bassesse, c'est la force, c'est la fermeté de l'ame, & le noble orgueil qui éléve l'homme lui ôte cette force, parce qu'elle a sa force dans une connoissance exacte de la vraie condition de l'homme, de sa destination, de ses devoirs & de ses imperfections même, que le noble orgueil lui cache.

Semblable à Anthée, qu'Hercule ne pouvoit vaincre tant qu'il touchoit la terre, l'homme tant qu'il est humble & modeste, tant qu'il connoît son véritable état, ne peut être, ni accablé par ses ennemis, & par le malheur, ni aveuglé par la prospérité. Mais, si l'orgueil & la vanité lui font perdre de vue ses imperfections, & pour ainsi dire quitter la terre ; la moindre contradiction le déconcerte, le moindre accident l'ébranle, le moindre revers le culbute, anéantit toute sa grandeur, & fait évanouir toute sa force : comme Hercule étouffa Anthée lorsqu'il l'eut élévé en l'air.

N'imputons donc point à la Nature de faire naître l'homme orgueilleux ou vain, & gardons-nous de vouloir excuser ou annoblir un vice funeste à la prospérité des sociétés, & au bonheur des hommes, qui détruit le sentiment de l'égalité naturelle, qui rend les talents & les dons de la Nature inutiles ou nuisibles. Les vérités les plus importantes offensent ou rebutent, lorsque c'est l'orgueil qui les annonce ; les services les plus essentiels humilient, lorsqu'ils font rendus par l'orgueil, je parle du noble orgueil. La vertu eft grande, magnanime, généreufe, tendre, modefte ; qu'avons-nous befoin, pour exprimer ces qualités des mots de noble orgueil dont le fot orgueil & la préfomption abufent ?

CHAPITRE II.

Les hommes chargés de gouverner, peuvent diriger la puiffance dont ils font dépofitaires, vers le bonheur général, & ils font portés naturellement à la diriger vers cet objet.

Il n'y a point d'homme que la Nature faffe naître avec des forces phyfiques, capables de foumettre tous les hommes qu'il gouverne. Leur obéiffance à fa volonté, leur docilité pour fes ordres, font donc la preuve la plus fincére de leur eſtime, de leur confiance, de leur dévouement & de leur zéle pour ſon bonheur. Or, un homme ne peut voir que l'on a pour lui ces ſentimens ſans les éprouver pour ceux en qui il les voit. Le Souverain eſt donc porté naturellement, & par ſa qualité ſeule de Souverain, à aimer, à eſtimer ceux qui lui ſont ſoumis, à deſirer leur bonheur, & par conſéquent à diriger ſa puiſſance vers cet objet.

La vie du Souverain n'eſt point néceſſaire à l'exiſtence des hommes qui lui ſont ſoumis ; ce n'eſt point par l'ordre du Souverain que le Soleil ſe leve, ſa vie n'eſt point le principe ou la cauſe de la fécondité de la terre : cependant tout veille à ſa conſervation, elle eſt l'objet des vœux de tous les ſujets, & au moindre péril chaque Citoyen tremble pour la vie de ſon Souverain comme pour ſa propre vie. Le Souverain se voit donc au milieu de ses sujets, comme un pere au milieu d'une famille qui le chérit; or il est impossible qu'un homme se voie aimé par un autre homme, comme un pere est aimé par son fils, sans l'aimer comme un pere aime son fils. Le Souverain aime donc naturellement ses sujets, non-seulement comme de vrais & fidéles amis, mais encore comme des enfants tendres. Il est donc porté à faire pour ses sujets tout ce qu'un ami fait pour son ami, tout ce qu'un pere fait pour ses enfants, & par conséquent à diriger toute sa puissance vers le bonheur général de la société qu'il gouverne.

Chaque jour ces sentiments se renouvellent, les hommages qu'on rend au Souverain, les tributs qu'on lui apporte, le cortége qui l'environne, la magnificence qui l'accompagne, les ordres qu'il donne, les soins du gouvernement lui mettent sans cesse devant les yeux, le respect, l'amour filial de ses sujets ; il n'est donc point d'instant où la Nature ne dirige la puissance souveraine vers le bonheur des sujets.

Le peuple qui éprouve la bienfaisance de son Souverain en est vivement touché ; il oublie les obligations de la souveraineté, pour ne s'occuper que de la bonté du Souverain ; il semble qu'il craint que l'idée du devoir unie aux soins que le Souverain prend, & au bien qu'il fait, n'altére son amour & sa reconnoissance ; il ne pense pas que le Souverain lui doive rien, il met au nombre des bienfaits tout ce qu'il fait pour la société ; il l'annonce à toutes les nations, il veut que des monuments publics en instruisent les races futures, que l'histoire l'apprenne à tous les peuples & à tous les siécles. Le Souverain bienfaisant jouit de l'estime & de l'amour de tous ses sujets & de leurs descendants : ainsi le désir de l'estime agit puissamment sur le cœur du Souverain pour l'engager à consacrer sa puissance au bonheur de sa nation.

Par ce que nous avons dit sur la sensibilité de l'homme pour ses semblables, il éprouve du plaisir lorsqu'il les voit heureux, & surtout lorsqu'il procure leur bonheur. Par ce que nous avons dit sur la reconnoissance, il éprouve du plaisir lorsqu'il en est l'objet ; ainsi, l'amour du bonheur & du plaisir porte sans cesse le Souverain à rendre ses sujets heureux, & à faire naître dans leur cœur le sentiment de la reconnoissance.

La reconnoissance que le peuple éprouve pour le Souverain bienfaisant, son admiration, son amour, son dévouement, son bonheur même, procurent donc au Souverain une satisfaction continuelle, & la plus touchante que l'homme puisse éprouver. Il ressent à la fois & sans cesse, les plaisirs d'un pere tendre & adoré par ses enfants, & qui les rend heureux ; d'un ami chéri par ses amis dont il procure le bonheur ; sans cesse il est l'objet de l'estime, de la vénération, des éloges du public. Le Souverain qui consacre sa puissance au bonheur de la société, éprouve donc le plus grand bonheur dont l'homme soit capable.

Il n'a reçu de la Nature aucun besoin qui rende nécessaire à son bonheur le mal de ses sujets. Elle ne donne pas aux Souverains, aux hommes chargés de gouverner, d'autres besoins, d'autres sens qu'à leurs sujets : elle ne crée point pour eux de nouveaux plaisirs, aucun besoin naturel ne les oblige à sacrifier le bonheur de leurs sujets, à leur bonheur personnel.

Enfin, par une loi immuable, la Nature éloigne la paix & le calme du Souverain qui sacrifie à ses plaisirs & à ses passions le bonheur de ses sujets ; elle remplit son ame d'ennui, de remords, d'inquiétudes & d'allarmes ; elle couvre ses jours d'humiliation & d'opprobre.

Ainsi, tous les motifs qui peuvent porter l'homme à se dévouer au bonheur des autres, & l'empêcher de leur faire du mal, se réunissent dans le Souverain pour le porter à consacrer son pouvoir au bonheur général, & à n'en pas abuser pour son bonheur personnel.

C'étoient ces motifs qui animoient les premiers Rois & les plus anciens Souverains ; l'amour & la reconoissance qui en firent des Dieux, sont des garants surs de la bonté de ces Souverains, de leur amour & de leur zéle , pour le bonheur de leurs sujets.

Les annales de la Chine offrent mille exemples d'Empereurs qui croyoient que la premiere de leurs obligations étoit de procurer le bonheur de leurs peuples ; on ne les a point vus comme Brutus, immoler leurs enfans pour le salut de la patrie, mais on les a vus sacrifier la tendreße paternelle & la gloire de leur nom au plus grand bonheur de leurs sujets, on les a vus transporter la couronne Impériale sur la tête des étrangers, parce qu'ils reconnoißoient en eux plus de sageße, & plus de talents que dans leurs enfans : ce n'eſt pas un grand effort de vertu que d'éloigner du thrône un monſtre qui deshonore l'humanité, mais il faut une vertu bien pure , un amour bien vif du bien publie pour ne pas voir dans un fils vertueux, un mérite ſupérieur à celui d'un étranger,

& telle fut la vertu des premiers
Empereurs de la Chine.

On a vu les Empereurs préférer
le bonheur de l'Etat à leur propre
conservation. Dans les sacrifices
que *Van-ti* offroit au ciel, ses premiers vœux avoient pour objet la
félicité & le bonheur des peuples,
ensuite la conservation de sa personne.

» Nos anciens & sages Rois,
» dit cet Empereur, n'avoient dans
» les cérémonies du *Chang-ti* aucu-
» ne vûe d'intérêt, ils n'y deman-
» mandoient point ce que l'on ap-
» pelle félicité : ils étoient si éloi-
» gnés de tout propre intérêt, qu'ils
» laissoient leurs plus proches
» parents pour élever un homme,
» qui ne leur étoit rien, s'ils lui
» trouvoient une sagesse singuliere
» & une éminente vertu, & préfé-
» roient les sages conseils d'autrui
» à leurs plus naturelles inclina-
» tions : rien de plus sage & de plus
» beau

» beau que le désintéressement de
» ces grands Princes : aujourd'hui
» j'apprends que plusieurs de mes
» Officiers font faire à l'envi des
» prieres pour demander du bon-
» heur, & ce bonheur ils le deman-
» dent pour ma personne & non
» pas pour mon peuple, c'est ce
» que je ne puis goûter. Si j'ap-
» prouvois que ces Officiers peu
» attentifs à leurs devoirs, & peu
» zélés pour le bien des peuples
» s'occupassent ainsi uniquement
» du bonheur personnel d'un Prince
» aussi peu vertueux que je le suis,
» ce seroit en moi un défaut de
» plus, & un défaut considérable.
» J'ordonne donc que mes Offi-
» ciers, sans tant s'empresser à faire
» pour moi ces supplications d'ap-
» pareil, donnent toute l'applica-
» tion possible à bien s'acquitter
» de leur emploi (1).

______

(1) Description de l'Empire de la Chine,
par le P. du Halde, t. 2. p. 394.

Tome II.   G

Je n'entrerai pas dans un plus grand détail sur ces Empereurs; mais je ne peux m'empêcher de rapporter une Ordonnance de l'Empereur *Tai-t-Song* qui prouve jusqu'où les Souverains de cet état portoient l'amour du bien public.

» Le fondement de toutes les » vertus, dit-il, est la piété filiale, » & est l'instruction la plus essen- » tielle ; j'en ai reçu dans ma jeu- » nesse de bonnes leçons, mon » pere & ceux qu'il m'avoit don- » nés pour maître, ne se bornoient

---

Après avoir rapporté cette Ordonnance, le Pere du Halde rapporte une réfléxion de l'Empereur *Can-hi* sur cette même déclaration. Elle est conçue en ces termes.

» C'est la vertu, & non la matiere qui rend » l'Offrande agréable. Quand on s'applique » tout de bon à la vertu, les dons du Ciel » viennent d'eux-mêmes. Prétendre que les » Officiers de l'Empire en faisant reciter seu- » lement des formules de prieres, attirent du » bonheur sur la personne du Prince, cela se » peut-il ? *Van-ti* certainement avoit raison » de blâmer un pareil abus. Du Halde, *ibid.*

» pas à me faire réciter le livre
» des rits & d'autres; on m'y faisoit
» voir en même temps les grands
» principes d'où dépend le bien
» des Etats, & le gouvernement
» des peuples; de-là est venu l'a-
» vantage que j'ai eu d'exterminer
» par une seule expédition tous
» les ennemis de l'Etat; & d'assurer
» aux peuples qui sortoient de l'op-
» pression le repos & la liberté: au
» reste, j'ai toujours eu le cœur plein
» de bonté; & si pendant quelque
» temps j'ai fait paroître plus de
» justice & de sévérité que de clé-
» mence, c'est que comme il y a
» des ennemis contre lesquels il
» faut nécessairement de la force
» & de la bravoure, il est aussi des
» criminels auxquels on ne peut
» absolument faire grace: je n'ai
» eu en vue que le bien commun
» & le repos de l'Empire: la pas-
» sion n'a point eu de part à ce que
» j'ai fait: l'Empereur mon pere en

» se retirant m'a chargé du gouver-
» nement, il a fallu obéir : comme
» j'en sens tout le poids je m'en oc-
» cupe tout entier, je suis dans l'in-
» térieur de mon palais & avec les
» Reines comme dans un valon gla-
» cé : je passe souvent les nuits en-
» tieres sans dormir; je me léve avant
» le jour. Toutes mes pensées, &
» toutes mes paroles tendent à ré-
» pondre de mon mieux aux volon-
» tés du ciel, & aux intentions de
» mon pere : c'est pour y réussir, que
» plein de compassion même pour
» ceux qui font des fautes, je veux
» régler de nouveau les punitions,
» prévenir & soulager les miseres
» des peuples, punir & réprimer
» ceux qui les vexent, approcher
» de ma personne, mettre dans les
» emplois des gens de vertu & de
» mérite ; ouvrir le chemin large
» aux remontrances, ôter toute
» crainte à quiconque m'en vou-
» dra donner, afin d'acquérir s'il

» se peut chaque moment de nou-
» velles connoiſſances.

 » Mon attention à tout cela eſt
» ſi continuelle, que je ne me per-
» mets pas un jour de relâche :
» mon grand deſir, ſeroit que tout
» fût dans l'ordre. Que tous mes
» ſujets ſuiviſſent en tout la raiſon,
» & fuſſent ſolidement vertueux ;
» auſſi quand je vois quelque cho-
» ſe hors de ſa place, & quelqu'un
» de mes ſujets vicieux, je m'en
» prends d'abord à moi-même &
» au peu de talent que j'ai pour les
» bien inſtruire & pour les corri-
» ger efficacement : c'eſt avec rai-
» ſon que je le fais ; car enfin,
» *Chu-King* dit, La vertu quand
» elle eſt tout à fait ſincere & ſo-
» lide, touche les eſprits : que ne
» pourra-t-elle point ſur les peu-
» ples? On me rapporte de divers
» endroits que les peuples rentrent
» dans le devoir, que les vols de-
» viennent plus rares, & que les

» prisons de plusieurs Villes se trou-
» vent vuides : j'apprends ces nou-
» velles avec plaisir, mais je n'ai
» garde de les attribuer à mes soins,
» & à mes exemples. Voici les ré-
» flexions que je fais.

» On est las, me dis-je à moi mê-
» me, des troubles & des rapines ;
» on se remet dans le chemin de
» la vertu ; il faut tâcher de pro-
» fiter de ces heureuses disposi-
» tions, pour convertir tout l'Em-
» pire : mes expéditions Militaires
» m'ont fait parcourir une bonne
» partie des Provinces ; chaque
» Village que je trouvois, je sou-
» pirois en me frappant la poitrine
» sur la misere des pauvres peu-
» ples : instruit par mes propres
» yeux, je ne permets pas qu'on
» occupe un seul homme à des cor-
» vées inutiles. Je travaille de mon
» mieux à mettre tous mes sujets à
» l'aise, afin que les parents soient
» plus en état de bien élever leurs

» enfants, & que les enfants à leur
» tour s'acquittent mieux de tous
» leurs devoirs à l'égard de leurs pa-
» rents, & qu'avec la piété filiale
» toutes les autres vertus fleuriſſent.

» Pour faire connoître à tout
» l'Empire que je n'ai rien de plus
» à cœur en publiant cette Ordon-
» nance, qu'on donne dans cha-
» que diſtrict, en mon nom, & de
» ma part à ceux qui ſe diſtinguent
» par leur piété filiale cinq char-
» ges de ris, &c.

Minos, Lycurgue, Zamolxis,
Zaleucus, ſe dévouerent au bonheur des peuples qui reçurent leurs
Loix : quelques-uns même firent
les plus grands ſacrifices pour rendre immuables ces Loix à l'obſer-
vation deſquelles ils croyoient que
la félicité publique étoit attachée.

Lycurgue charmé des effets de
ſes loix, convaincu de leur bonté,
cherchant, autant que cela dépen-
doit de la prudence humaine, le

moyen de les rendre immuables,
fit affembler le peuple : il lui re-
préfenta que la police qu'il avoit
établie , lui paroiffoit fuffifante
dans tous fes chefs pour rendre
la Ville heureufe, & les citoyens
vertueux ; il leur déclara qu'il y
avoit pourtant un point qui étoit
le plus effentiel & le plus important , mais qu'il ne pouvoit le leur
communiquer avant que d'avoir
confulté l'oracle d'Apollon ; qu'ils
devoient donc obferver fes Loix
fans y rien changer , ni altérer
jufqu'à ce qu'il fût de retour de
Delphes , & qu'alors il exécute-
roit ce que le Dieu lui auroit ordonné : ils promirent tous d'o-
béir, & le prierent de hâter fon
voyage : avant de partir il fit jurer
les deux Rois, les Sénateurs & en-
fuite tout le peuple.

Quand il fut arrivé à Delphes,
il fit un facrifice à Apollon , &
après fon facrifice il lui demanda

& si ses Loix étoient bonnes & suffi-
santes pour rendre les Spartiates
heureux & vertueux : Apollon
lui répondit qu'il ne manquoit
rien à ses Loix, & que pendant
que Sparte les observeroit, elle
seroit la plus glorieuse Cité du
monde, & jouiroit d'une parfaite
félicité : Lycurgue fit écrire cette
Prophétie, l'envoya à Sparte, &
après avoir fait un sacrifice, em-
brassa son fils, & tous ses amis; &
pour ne jamais dégager les Lacédémoniens du serment qu'ils
avoient fait d'observer ses Loix
jusqu'à son retour, il resolut de
mourir volontairement à Delphes, & y mourut en effet en
s'abstenant de manger (1).

Zamolxis ayant donné des
mœurs aux Thraces, se retira pendant trois ans dans une caverne,
& en sortit pour les confirmer dans

____

(1) Plutar, vie de Lycurgue.

la croyance du dogme de l'immortalité de l'ame (1).

Zaleucus donna des Loix aux Locriens ; une de ces Loix condamnoit tout homme coupable d'adultere, à perdre les yeux ; le fils de Zaleucus fut accusé & convaincu de ce crime : les Locriens vouloient lui faire grace, Zaleucus s'y opposa ; mais ne pouvant résister aux instances du peuple, il se fit arracher un œil, & en fit arracher un à son fils (2).

Charondas donna aux Thuriens les meilleures Loix qu'il put, & il en regardoit l'exécution comme le principe fondamental de la paix & de la félicité publique ; étant allé à la campagne avec une épée pour se défendre des voleurs sur le chemin, il trouva à son retour l'assemblée du peuple en trouble & en division ;

(1) Herodot. *L.* 4. *c.* 94.
(2) Diod. *l.* 12. Val. Max. *l.* 6. *c.* 5.

il s'avança d'abord pour tâcher d'appaiser ce tumulte : il avoit défendu dans ses Loix d'entrer jamais avec aucune arme dans ces assemblées ; mais ayant oublié qu'il portoit une épée, il donna involontairement à ses ennemis un sujet de reproche : l'un d'eux lui dit publiquement qu'il violoit sa propre Loi : au contraire, répondit Charondas, je prétends la confirmer ; aussi-tôt tirant son épée il se l'enfonça dans le cœur (1).

Lorsque les Dariens & les Heraclides réunis, étoient sur le point d'envahir l'Attique, Codrus, Roi d'Athènes, consulta l'Oracle qui répondit, qu'il ne pouvoit conserver l'Attique qu'en mourant de la main des ennemis. La réponse de l'Oracle est portée à Athènes, elle passe dans l'armée ennemie, on y défend sous les plus grandes

____

(1) *Ibid.*

peines de frapper Codrus. Codrus
l'apprend, il se déguise en buche-
ron, sort secretement de la ville,
se mêle dans un détachement de
fourageurs, entre avec eux dans
le camp des Dariens & des Heraclides, cherche querelle à un soldat, le blesse d'un coup de faux,
le soldat en fureur le tue (1).

Othon aima mieux mourir que
de conserver l'Empire aux dépens
de la vie des Romains qui l'a-
voient choisi Empereur.

» Mes compagnons, dit-il aux
» Romains & à tous les soldats qui
» vouloient mourir pour lui, je ré-
» garde cette journée comme bien
» plus heureuse pour moi, que
» celle dans laquelle vous me dé-
» clarates votre Empereur, puis-
» que je vous vois dans des dispo-
» sitions si favorables & que je re-
» çois de si grandes marques de

____

(1) Val. Max. *l. 5. c. 6.* Justin. *l. 2. c. 6.*

» votre affection ; mais j'en attends
» de vous une plus grande enco-
» re, & je vous prie de ne me la
» pas refuser ; c'est de permettre
» que je meure généreusement
» pour tant de braves Citoyens
» que vous êtes. Si j'ai été vérita-
» blement digne de l'Empire Ro-
» main, il faut que je le fasse voir
» présentement, en donnant tout
» mon sang pour ma patrie ; je
» sais bien que la victoire n'est ni
» entiere, ni bien assurée pour nos
» ennemis ; j'ai des nouvelles que
» l'armée de Mysie qui vient à no-
» tre secours n'est plus qu'à quel-
» ques journées d'ici ; l'Asie, la Sy-
» rie, l'Egypte viennent sur la mer
» Adriatique, les armées qui fai-
» soient la guerre en Judée sont
» pour nous ; le Sénat est de notre
» côté ; les femmes & les enfants de
» nos ennemis sont en nos mains :
» mais la guerre que nous faisons,
» ce n'est ni contre un Annibal,

» ni contre Pyrrhus , ni contre les
» Cimbres, pour voir qui demeu-
» rera maître de l'Italie ; c'est con-
» tre les Romains même, que nous
» combattons ; de sorte que vain-
» queurs ou vaincus nous ruinons
» également notre patrie ; car de
» quelque côté que tourne la vic-
» toire c'est toujours aux dépens
» de Rome , c'est Rome seule qui
» en souffre. Croyez que je fais
» mourir plus glorieusement que
» je ne fais régner ; car je ne vois
» point que par ma victoire je puis-
» se jamais procurer aux Romains
» un aussi grand avantage que ce-
» lui que je leur procurerai par ma
» mort , en me sacrifiant pour la
» paix & pour la concorde, & pour
» empêcher l'Italie de voir une au-
» tre journée aussi malheureuse que
» celle-ci (1).

Après avoir prononcé ce dif-

------

(1) Vie d'Othon, Tacit. hist. l. 1.

cours d'un air assuré, & avec un visage sur lequel étoient peintes la constance & la gaieté, il pourvut à la sureté de tous ses amis, dormit une partie de la nuit fort tranquillement, & se donna la mort au point du jour (1).

Il existe donc en effet, dans le cœur des Souverains, ce retour d'attachement & de zéle qui les porte à consacrer leur puissance au bonheur des hommes soumis à leur gouvernement, il est l'effet naturel de la soumission du sujet : c'est le vrai contrat social, le pacte que la nature fait elle-même, entre le Souverain & les sujets, elle le grave dans le cœur de tous les Souverains, & on le trouve dans presque toutes les sociétés.

Les Rois d'Egypte, en installant un Juge dans son Office, lui faisoient jurer que, quand même

----

(1) *Ibid.*

ils lui ordonneroient de juger injustement, il ne le feroit pas (1).

Antiochus le Grand, obligeoit
par serment tous les Magistrats
& tous les Officiers de ne lui point
obéir s'il violoit les Loix, s'il leur
commandoit des choses injus-
tes. (2).

Nos Rois tous puissants sur leurs
peuples, ont pris des précautions
pour que leur puissance ne soit
jamais contraire au bonheur des
peuples.

»Un Roi qui tient les rênes du
»gouvernement dans un Royau-
»meformé, disoit Jacques I, cesse
»d'être Roi, & devient tyran dès
»qu'il cesse dans son gouverne-
»nement d'agir conformément
»aux Loix. Ainsi tous les Rois qui
»ne seront pas tyrans, ou parju-

----

(1) Plutar. dits des anciens Rois.
(2) Tit. Liv. *l.* 37. Justin, *l.* 31. Val. Max.
li. 4. *c.* 3.

» res, seront bien aises de se con-
» tenir dans les limites de leurs
» Loix, & ceux qui leur persuadent
» le contraire, sont des viperes &
» une peste fatale tant au regard
» des Rois eux-mêmes, qu'au re-
» gard de l'Etat (1).

Philippe II lui même tout jaloux qu'il étoit de son pouvoir,
ne le crut point sans bornes : un
Docteur Espagnol ayant prêché
devant ce Monarque, que les
Souverains avoient un pouvoir
absolu sur la vie & sur les biens de
leurs sujets, le Docteur fut obligé
de s'en dédire le lendemain comme d'une proposition fausse &
hérétique (2).

Il en est ainsi de toutes les sociétés : la puissance qui gouverne

___

(1) Discours de Jacques I. au Parlement
d'Angleterre en 1609., rapporté par Loke
Gouvern. Civil. 10.
(2) La Mothe, le Vayer sur l'instruct. de
M. le Dauphin, *t.* 1. *p.* 100.

peut se tromper dans les moyens qu'elle emploie pour procurer le bonheur général & commun ; mais il est son objet essentiel, & il doit être celui de tous ceux qui exercent quelque portion de l'autorité souveraine & qui aiment le Souverain & son Etat.

En effet cette puissance n'existe que par les forces des sujets qui lui sont soumis, par leur amour pour la chose publique, par leur zèle pour sa gloire & pour sa conservation : mais pour que le sujet éprouve ces sentiments pour sa patrie, pour la puissance qui le gouverne, il faut qu'il soit heureux : il n'est point de Magistrat, ou de Souverain qui ne le reconnoisse, & par-conséquent il n'en est point qui ne soit déterminé par son intérêt personnel à procurer le bonheur général quand il n'y seroit pas porté par sentiment, par humanité & par amour pour les peuples sou-

mis à fa puiffance : on trouve peu
de defpotes éclairés, qui ne veuil-
lent faire régner l'ordre dans leurs
Etats, & qui n'en fentent la néceffité.

Toute fociété où le bonheur de
la puiffance qui gouverne eft contraire au bonheur général, tend
donc à fe diffoudre : ainfi l'homme
dépofitaire de la puiffance fuprême eft porté par fes inclinations
naturelles, par fes befoins, par fon
intérêt, à s'efforcer de procurer le
bonheur général de la fociété qu'il
gouverne ; le malheur le rappelle
à cet objet s'il s'en écarte, & fi le
malheur ne le corrige pas, fes
propres défordres anéantiffent fon
pouvoir.

Voila les objets qu'il faut montrer aux Princes qui font deftinés
à régner, voila les principes que
le Cardinal Mazarin oppofoit aux
paffions de Louis XIV, lorfqu'elles
lui faifoient oublier ce qu'il fe de-

voit & ce qu'il devoit à ses peuples.

» Dieu, lui disoit-il, a établi les
» Rois, (après ce qui regarde la
» Religion, pour le soutien de la-
» quelle ils doivent faire toutes
» choses) pour veiller au bien, à
» la sureté & aux repos de leurs
» sujets, & non pas pour sacrifier
» ce bien là & ce repos à leurs pas-
» sions particulieres; & quand il
» s'en est trouvé d'assez malheu-
» reux qui aient obligé par leur
» conduite, la providence Divine
» à les abandonner, les histoires
» sont pleines des révolutions &
» des accablements qu'ils ont atti-
» ré sur leurs personnes & sur leurs
» sujets.

» C'est pourquoi je vous le dis
» hardiment, qu'il n'est plus temps
» d'hésiter, & que, quoique vous
» soyez le maître en un certain
» sens de faire ce que bon vous
» semble, neanmoins vous devez

» compte à Dieu de vos actions
» pour votre salut & au monde
» pour le soutien de votre gloire
» & de votre réputation ; car quel-
» que chose que vous fassiez, il en
» jugera selon que vous lui en don-
» nerez occasion (1).

Il lui annonce ensuite le bou-
leversement qu'il causera dans son
Royaume s'il sacrifie la paix & le
bonheur de son peuple à la passion
qu'il a pour Marie Mancini.

Mais il ne suffit pas d'effrayer
les Souverains par les effets de l'a-
bus de leur puissance, il faut, pour
leur propre bonheur faire naître
dans leur cœur le sentiment de
l'amour paternel pour leurs sujets,
leur faire envisager les hommes
qu'ils gouvernent, sous tous les
rapports qui peuvent produire ce
sentiment ; il faut qu'il les voient
comme des enfants soumis par

____

(1) Lettres du Card. Mazarin, *t.* 1, *p.* 70.

tendreſſe, & non pas comme des
eſclaves ſubjugués par la force &
contenus par la crainte : il faut
leur faire connoître leur égalité
naturelle avec tous leurs ſujets,
leur foibleſſe naturelle en compa-
raiſon des forces de cette multitude innombrables d'hommes qui
cependant obéiſſent à leurs ordres, reſpectent leurs volontés, &
parmi leſquels il n'en eſt aucun
qui ne ſacrifiât ſa fortune & ſa vie
pour leur conſervation, pour leur
gloire, pour mériter leur eſtime,
pour leur plaire : le Souverain
qui enviſage ſes ſujets ſous ce point
de vue, jouit du plus grand bonheur dont l'homme ſoit capable
naturellement ſur la terre, tous
les ſoins qu'il donne au gouvernement ſont des plaiſirs ; ſon cœur,
comme nous l'avons dit, éprouve
ſans ceſſe la ſatisfaction d'un bienfaiteur que la reconnoiſſance éle-
ve au-deſſus de tous les hommes, &

goûte les délices d'un pere tendre au milieu d'une famille qui le ché- rit & qu'il rend heureuse. Qu'on me montre dans l'histoire un Sou- verain heureux & puissant, sans cette bonté tendre, qui traite les sujets comme des enfants ?

SECTION CINQUIEME.

L'homme est susceptible de Morale.

CHAPITRE PREMIER.

De la Nature, & de l'objet de la Morale.

LE bonheur est la fin de tous les hommes, chacun y tend par les moyens qui lui paroissent les plus propres à y conduire relativement aux circonstances dans lesquelles il se trouve. Chacun regarde comme la route & comme la source du bonheur les actions & les objets qui l'ont rendu heureux.

Ainsi, pour me servir d'un exemple grossierement sensible, l'homme

l'homme que le malheur de sa
condition oblige à des travaux
qui épuisent ses forces, a recours
aux liqueurs spiritueuses & enivrantes, pour réparer ses forces &
pour suspendre le mal-aise que
cause l'épuisement. Recommen-
çant sans cesse ce cercle de fati-
gues, & presque toujours dans
l'épuisement, il est déterminé à
recourir sans cesse au vin, aux
liqueurs enivrantes, comme à
l'unique moyen de se dérober à
la douleur de l'épuisement. Comme il hait nécessairement le mal-
aise, & qu'il aime le bonheur ; il
est déterminé par ces deux motifs
à s'enivrer, toutes les fois qu'il
le peut ; lors même qu'il n'a pas
besoin de réparer ses forces, il a
besoin d'être heureux, & il ne
connoît point d'autre moyen de
l'être, qu'en se procurant cette espéce de force momentanée
que donnent les liqueurs eni-

Tome II. H

vrantes. L'ivresse est l'oubli ou l'ignorance de son malheur, & le bonheur de ce misérable est d'ignorer l'horreur de son sort.

Ainsi, l'homme que sa condition n'oblige point à ces travaux, mais qui sans avoir éprouvé le malheur de l'indigence, a senti l'éguillon du besoin, les désagrémens de la médiocrité, s'est occupé des moyens de s'enrichir, parce qu'il a regardé les richesses comme le moyen de s'arracher au malheur & d'arriver au bonheur. Chaque acquisition qu'il a faite à été un pas vers le bonheur ; cette acquisition en l'approchant du bonheur lui a procuré un plaisir, elle est devenue elle-même une source de bonheur. Toutes ses forces, toute son industrie, tous ses talents se sont dirigés naturellement vers l'acquisition des richesses, comme vers le vrai bonheur ; il n'en a point connu d'autre, il est devenu avare, avide & insatiable, comme le porte-faix est devenu ivrogne. Le besoin qu'il a d'être heureux le porte sans cesse vers les richesses.

Ainsi, l'homme d'un état subalterne qui a souffert de la supériorité des autres, cherche à s'élever, & regarde comme un bonheur, tout ce qui le tire de l'humiliation dans laquelle il gémit. Il regarde l'élévation au-dessus de son état, comme la source du bonheur; chaque pas qu'il fait vers cette élévation, l'approche du bonheur, lui procure un plaisir & le rend par conséquent heureux pour ce moment. Toutes ses facultés, tous ses vœux se tournent vers les moyens d'acquérir de nouvelles distinctions; il ne s'est point ouvert d'autres sources de bonheur; le desir qu'il a d'être heureux qui agit sans cesse & invinciblement en lui, forme sans

cesse de nouveaux projets d'élévation & de grandeur.

Ainsi autrefois, l'homme qui
avoit de la naissance, & dont l'esprit n'avoit été occupé dans sa
jeunesse que des avantages de sa
naissance, la regardoit comme le
souverain bonheur, il vouloit que
tout la lui rappellât, que tout l'en
entretînt, que ses meubles, ses
vitres armoriées, ses flatteurs, ses
complaisants, le cortége de ses
domestiques, ses profusions & son
ignorance même ne lui permissent
pas de la perdre de vue.

En un mot chacun se fait un
système de bonheur & attend sa
félicité de la possession d'un objet auquel il tend constamment,
invariablement & sans relâche,
parce que l'homme veut constamment & incessamment être heureux.

Cette disposition de chaque
homme qui le fait tendre const

tamment vers un certain objet
dont il attend son bonheur, & qui
lui fait trouver du plaisir dans les
efforts même qu'il fait pour l'obtenir, est ce que l'on nomme caractere (1).

---

(1) Ce que l'on dit ici du caractere en général, donne la raison du plaisir que cause un
beau drame.

Tout homme qui a un caractere s'est ouvert
une route de bonheur inconnue aux autres, il
voit dans l'objet qu'il desire, une infinité de
qualités & d'avantages que les autres hommes
n'y voient pas; il connoît pour l'obtenir une
infinité de moyens qui ne se sont jamais offerts
à l'esprit des autres. Tout ce qui a rapport à
cet objet lui paroît grand, il est sa fin der-
niere, il n'agit que pour y arriver.

Si l'objet est grand, sublime, le caractere
de cet homme éléve l'ame du spectateur, l'é-
chauffe & la remplit d'un sentiment fort qui
agrandit l'homme à ses propres yeux, qui de-
veloppe en lui des perfections qu'il ne connoissoit pas; tels sont les effets de la Tragédie
de Cinna, de Polyeucte, &c.

Lorsque cet objet est petit & peu intéressant
pour la société, les autres hommes qui n'atta-
chent point leur bonheur à cet objet, sont
étonnés des ressources de cet homme pour se
le procurer, & plus étonnés encore de ce qu'il

Les actions par lesquelles l'homme tend à l'objet de son bonheur, s'appellent mœurs, c'est-à-dire coûtumes, habitudes, & c'est pour cela que la partie de la philosophie qui dirige les actions vers le bonheur, se nomme Morale, c'est-à-dire l'art de former dans l'homme un certain caractere, de faire ensorte qu'il soit un, & non pas multiplie, pour me servir des expressions de Seneque.

L'homme est donc susceptible de Morale, si l'on peut lui donner un caractere qui le fasse cher-

---

regarde comme un bonheur suprême, de posséder ce qui les touche si peu. Cet homme leur paroît donc ridicule par l'idée gigantesque qu'il se fait de l'objet de son bonheur, par l'opiniatreté avec laquelle il y tend, par l'importance qu'il attache aux plus petites choses qui ont quelque rapport à cet objet. Ce spectacle n'agrandit pas le spectateur, mais il lui fait voir un homme plus petit que lui, qui a des défauts dont il est exempt, le plaisir que procure cette vue est de la gaîté : cette espece de caractere fait rire.

cher & trouver le bonheur dans
la pratique des vertus sociales, si
l'on peut le corriger lorsqu'il s'écarte de ce caractere.

CHAPITRE II.

L'homme peut être déterminé par
son caractere, à chercher le bon-
heur dans la pratique des ver-
tus sociales.

C'est la main de la Nature qui
forme les premiers traits du caractere social dans l'homme. Elle le
fait naître dans un état de foiblesse
qui intéresse, qui attendrit ceux
qui lui ont donné la vie, & tous
ceux qui entendent ses cris. Les
premiers sentiments qu'il éprouve, lui annoncent qu'il est envi-
ronné de bienfaiteurs & d'amis ;
les premiers mouvements de son
cœur le portent vers eux ; les

premieres penfées de fon efprit
lui découvrent le befoin qu'il a
de leur bienveillance & de leur
confervation ; le premier amour
réfléchi eft pour eux, il les connoît comme la fource de fon bonheur, comme l'appui de fon exiftence ; il les chérit, il les aime, il
regarde comme le plus grand des
malheurs, de s'en féparer ou de
les perdre.

La nature a rendu l'enfance de
l'homme extrêmement longue : le
retour continuel de fes befoins &
des bienfaits de ceux avec lefquels
il vit, produit dans fon cœur l'habitude de l'attachement, de la
reconnoiffance, du defir d'être
utile à fes bienfaiteurs ; il éprouve
du plaifir dans les petits fervices
qu'il rend, & le fentiment de la
bienfaifance fe développe en lui :
il a un defir fi ardent du bonheur,
& fi peu de reffources pour le fatisfaire, qu'il eft ramené prefque

fans ceffe, par ce defir aux actes
de bienfaifance qui lui ont procuré du plaifir : la bienfaifance devient la premiere de fes habitudes, il fait qu'elle eft une fource
de bonheur avant qu'il puiffe raifonner : il eft bienfaifant prefque
par inftinct.

Il femble que l'enfance dont
nous nous plaignons , ne foit
qu'une longue préparation à la
bienfaifance, une efpéce de no-
viciat pour la fociété , un temps
deftiné à former dans l'homme le
caractere focial , à y rendre l'a-
mour de fes femblables un fentiment habituel, un principe dominant, chargé de diriger toutes fes
actions vers le bonheur général
de la fociété.

Lorfqu'il eft capable de réfléchir, il voit qu'il eft au milieu
d'une fociété qui ne fubfifte, que
par une bienfaifance réciproque.
A mefure que fes forces augmen-

H 5

tent, & que ses services deviennent plus utiles, il excite l'attention
des autres hommes, il devient
l'objet de leur reconnoissance &
de leur estime : il voit donc la
bienfaisance, non seulement comme une source de plaisir ; mais
encore comme la qualité la plus
avantageuse à l'homme, il s'unit à
tous les hommes par l'estime, par
la reconnoissance qu'il produit en
sa faveur & qu'il éprouve pour les
autres, par l'amitié qu'il inspire &
qu'il ressent : il craint de déplaire,
son esprit s'éclaire, la curiosité
étend ses idées, il refléchit, il découvre au dedans de lui même,
une loi, une régle, un juge, la
conscience qui approuve &
récompense toutes les actions
utiles au bonheur des autres, qui
condamne toutes les actions nuisibles.

Le temps & les besoins déve-
lopent presque seuls ces traits du

caractere social dans l'homme.

La Nature ne borne pas là ses soins, elle attache le bonheur à la pratique des vertus sociales; aucun besoin ne force l'homme à s'écarter de la route que la Nature prescrit vers le bonheur, & à changer le caractere primitif qu'elle lui donne : au contraire, il ne peut s'en écarter sans rencontrer le malheur qui le repousse sans cesse vers la pratique des vertus sociales : il n'est donc point de caractere plus naturel à l'homme, & qu'il puisse prendre plus facilement que le caractere social : il ne faut pour cela que suivre les penchants & les inclinations que donne la Nature : notre cœur, notre raison, notre organisation, tout ce qui nous environne, concourt à nous faire prendre ce caractere.

Le caractere social se forme bien plus facilement encore, & devient en quelque sorte immuable, lors-

que les parents & les maîtres fça-
vent mettre en uſage les diſpoſitions naturelles dont nous venons
de parler.

L'enfant, comme nous l'avons
dit, eſt naturellement imitateur :
deſirant d'ailleurs d'être heureux,
& ne connoiſſant point par ſon
expérience perſonnelle les objets
auxquels le bonheur eſt attaché,
la Nature lui donne cette diſpoſition à imiter, afin de le rendre
heureux, avant que par ſon expérience il puiſſe le devenir, & afin
qu'il ſe faſſe un bonheur confor-
mé au bonheur des autres hommes : ſon déſœuvrement, le beſoin
continuel qu'il a d'être heureux
& de s'occuper, ſa diſpoſition organique à imiter, font qu'il s'efforce continuellement pour imiter, pour copier, pour faire tout
ce qu'il voit faire : ainſi, ſans qu'on
s'en apperçoive, & avant qu'il
puiſſe refléchir, l'enfant s'eſſaie

sans cesse à prendre les airs, les attitudes, les manieres de ses parents ou de ceux qui prennent soin de lui : ses organes flexibles se moulent, pour ainsi dire, sur ces modéles ; il paroît avoir reçû en naissant, & tenir de la Nature cette ressemblance avec ses parents.

Lorsque nous avons parlé de la sensibilité de l'homme, nous avons vu qu'il y a des sentiments qui répondent naturellement aux cris, aux mouvements, aux gestes : ainsi l'enfant par une suite de l'effort qu'il fait pour imiter, prend l'habitude non seulement des gestes ; mais encore des sentiments qui les accompagnent.

Comme c'est par un travail secret & caché que l'enfant prend ces attitudes, ces mouvements, ces airs, ces manieres & les sentiments de douceur ou de rudesse, de colére ou de tranquillité, de chagrin ou de férénité qui les accompagnent, on imagine qu'il les tient de la Nature, ou de fes parents.

Voilà l'origine de ce que l'on nomme le caractere national, que l'on croit attaché au climat, & donné „pour ainfi dire, par l'air qu'on refpire : non que le climat ne contribue à former les mœurs des peuples; mais ce n'eft point par une influence immédiate fur les efprits.

Ainfi l'enfant auffi-tôt que fes yeux s'ouvrent à la lumiere, & dans les premieres années de fa vie, peut prendre l'habitude de l'humanité, de la douceur & de la bienfaifance.

Par une fuite de fa foibleffe & de fon éducation l'enfant prend naturellement pour fes parents, une confiance fans réferve, il aime tout ce qu'ils aiment, il hait tout ce qu'ils haïffent, il eftime

tout ce qu'ils eſtiment, il mépriſe
tout ce qu'ils mépriſent : preſque
par une ſuite de ſon organiſation
il les regarde comme des divini-
tés bienfaiſantes, il regarde comme des Loix, comme des vérités
ſacrées, toutes leurs maximes,
tous leurs préceptes, tous leurs
conſeils. Toutes les paroles, toutes
les penſées d'un pere ſage ſe con-
ſervent dans ſa famille comme un
patrimoine, comme un dépôt ſa-
cré, comme un bien ſubſtitué à
toute ſa poſtérité. C'eſt par ces
maximes que l'on donne de la
conſiſtance au caractere primitif
que l'imitation a formé dans l'enfant, avec le ſecours des inſtruc-
tions & des exemples : les affections données par les parents ſont
preſqu'auſſi durables que les inclinations naturelles : on pourroit
donc dans l'éducation donner aux
hommes un caractere ſocial, on
pourroit leur inſpirer une averſion

inſurmontable pour le mal nuiſi-
ble à la ſociété, on pourroit rendre la pratique des vertus ſociales
néceſſaire à leur bonheur, cha-
cuns dans l'état où ils ſeroient
placés.

C'eſt ce pouvoir de l'éducation,
cet Empire de la conduite & de
l'inſtruction des parents ſur les eſprits & ſur les mœurs des enfants,
qui donne aux familles différentes, des caracteres particuliers, &
qui rendent en quelque ſorte la
probité, la vertu, l'honneur héréditaires dans certaines familles, &
c'eſt vraiſemblablement l'origine
des familles nobles, le premier &
le ſeul motif raiſonnable des diſ-
tinctions héréditaires.

Ce que nous diſons ſur la facilité d'imprimer aux enfants un caractere ſocial, eſt confirmé par
l'expérience de toutes les Nations:
on trouve dans l'hiſtoire des exemples d'une patience héroïque don-

née par l'éducation à de jeunes gens & même à des enfants.

Alexandre offrant un sacrifice, un charbon tomba de l'encensoir dans la manche d'un jeune homme qui selon l'usage accompagnoit le Roi : le charbon le brûla tellement, que l'odeur de la chair brûlée frappa tous les assistants ; & cependant il resta immobile sans faire le moindre mouvement, ou la moindre plainte, de peur d'interrompre le sacrifice (1).

Il étoit honteux à Sparte de pleurer, ou de se plaindre, & l'on a vu des enfants expirer sous les coups de verges sans dire une seule parole.

Il étoit permis à Sparte de voler, mais il étoit honteux d'être découvert ; & l'on a vu un enfant qui avoit volé un renard & qui l'avoit caché sous sa robe, se laisser ron-

-----

(1) Val. Max. *l. 3. c.* 8.

ger les entrailles par cet animal, & enfin expirer de douleur sans avoir jetté un seul cri (1).

Les Gymnosophistes étoient sans cesse occupés à chercher l'occasion d'être utiles, ils regardoient comme un vol fait à la Nature, un fruit, un aliment qu'ils auroient mangé sans l'avoir mérité par un service rendu aux autres hommes : lorsqu'on s'assembloit pour manger, les anciens interrogeoient les jeunes gens & leur demandoient ce qu'ils avoient fait de bien depuis le soleil ; s'ils n'avoient rien fait, ils sortoient & alloient chercher l'occasion de faire quelque bonne action (2).

Ce caractere qui fait que l'homme cherche constamment son bonheur dans la pratique des vertus sociales ; Minos, Lycurgue, le

---

(1) Plutar. vie de Lycurgue.
(2) Strab. *l.* 14. Apulée Florid.

donnerent aux Cretois, aux Spartiates ; Charondas le donna aux
Thuriens, Zaleucus aux Locriens;
Numa le donna aux Romains, &
ce caractere s'eſt conſervé parmi
eux, juſqu'à ce que les guerres
étrangeres y aient porté la corruption & le luxe.

Malgré ſa corruption, Rome
n'eut-elle pas toujours des Citoyens qui ne connoiſſoient de
bonheur que celui qui naît des
vertus ſociales ? Ne vit-on pas de
ces hommes, dans tous les temps
de la République, & même dans
l'Empire (1) ?

Ce caractere exiſte chez les
Chinois depuis trois mille ans.
Pendant cette longue ſuite d'années, la nation a éprouvé des révolutions, elle a été conquiſe par
des nations barbares, ſans abandonner ſes rits & ſes mœurs.

____

(1) Voyez les Lettres de Ciceron & de Pline.

La Philosophie de Pythagore, de Platon, de Zenon, n'a-t-elle pas formé de ces hommes, dans tous les temps & dans tous les pays? Orphée, Musée, n'ont-ils pas fait prendre ce caractere à des hommes désunis, dissipés, grossiers, ignorants & féroces?

Ces belles maximes de Morale qu'Hesiode a recueillies, ne sont-elles pas des preuves incontestables, que ce caractere social étoit très-ancien & très-commun chez les Grecs. Ce poëte, un des plus anciens de la Gréce, ne rapporte point ces maximes comme des vérités nouvellement découvertes, ou qui ne fussent connues que d'un petit nombre d'hommes. Il les rapporte comme des axiomes, comme des proverbes, comme la Morale populaire, comme la philosophie civile & politique de ces peuples.

Cette même Morale se trouve

chez tous les peuples policés, &
dans la portion la plus ignorante
de ces peuples; elle est contenue
dans les proverbes qui sont chez
tous les peuples; qui par-tout sont
la philosophie populaire. Or, pour
que ces maximes puissent devenir des proverbes, il faut qu'elles
soient observées communément,
& qu'elles forment le caractere de
la nation qui les a reduites en proverbes.

Il est donc vrai, que la Nature
trace elle-même le caractere social dans tous les hommes, &
qu'il n'est point l'ouvrage du climat ou de l'éducation. Il est formé par des besoins, par des inclinations, par des goûts qui font
l'essence de l'homme, & qui le
portent à chercher son bonheur
dans les vertus sociales; par les
loix de la Nature qui ne lui permettent pas de s'écarter de ces
vertus sans être malheureux.

Par ce que nous avons dit, de la disposition de l'enfant, à imiter & à prendre les airs, les manieres, les goûts & les sentimens de ses parens, & de ceux avec lesquels il vit ; on connoît aisément comment le caractere social donné par la Nature, doit prendre différentes formes sous les différens climats, dans les différentes constitutions politiques des peuples, selon la puissance ou la foiblesse de leurs voisins, selon qu'ils ont été foibles ou puissants, heureux ou malheureux. Car toutes ces différentes circonstances ont dû mettre dans les idées & dans les sentimens de chacun de ces peuples, des différences qui ont dû se transmettre aux enfans, & former en eux des caracteres particuliers, qui subsistent même longtemps après que les causes qui les ont produits ne subsistent plus.

Ce sont de semblables causes

qui mettent des différences dans
les caractères des hommes d'une
même nation, & de la même condition, dans le caractere même
des peres & des enfants qui alté-
rent & qui défigurent ce caractere
focial dans les enfants, dont les
peres honnêtes & vertueux fem-
blent n'avoir rien oublié pour inf-
pirer leurs fentiments à leurs enfants, qui produifent des hommes
vicieux & méchants, dans des familles honnêtes & vertueufes.

Ces familles ne font pas abfolu-
ment féparées de la fociété, leurs
maifons font ouvertes aux grands,
aux riches, aux hommes puiffants,
& en crédit. L'ufage, les régles &
les bienféances établies dans le
monde, exigent que l'on marque
à tous ces hommes des égards,
de la confidération, du refpect;
on admire, on loue leur magnificence, on révere leur crédit, on
rend hommage à leur fortune:

c'eſt à tous ces titres qu'ils ont les
premieres places, les mets les plus
délicats : l'enfant témoin de toutes ces choſes, regarde tous les
avantages que ces hommes poſſé-
dent comme les ſeules choſes pré-
cieuſes & reſpectables, & avant
qu'il puiſſe eſtimer & reſpecter il
les deſire, comme le principe du
bonheur : c'eſt envain que les parents leurs enſeignent que la bienfaiſance & la vertu ſeules ſont dé-
ſirables, qu'elles ſeules peuvent
rendre l'homme véritablement
heureux : ce mot de vertu n'eſt
encore pour eux qu'un ſon qui ne
ſignifie rien, qui n'exprime qu'une
idée qu'on ne peut lui rendre ſen-
ſible ; il ne voit point les hommages qu'on lui rend, parce qu'ils ſont
intérieurs : leurs parents mêmes
forcés par les uſages & par les bien-
ſéances établies, ne peuvent lui
permettre de montrer la préférence qu'ils donnent dans leur cœur

à

à l'homme vertueux & sans fortune, ou sans crédit, sur l'homme riche & puissant sans vertu. L'amour du crédit, du luxe & des richesses s'allume dans le cœur de l'enfant, sans que les instructions & les exemples de vertu qu'on lui donne puissent empêcher cet effet. L'enfant aime le luxe, le crédit, les richesses, la magnificence plus que la vérité & la vertu, plus que ses parents: il sera avide & injuste, il fera du bien pour être honoré & du mal pour se faire craindre, pour se venger de ceux qui ne lui rendent pas hommage, il prendra, comme nous l'avons dit, les airs, les inclinations qu'il apperçoit dans les grands, dans les hommes riches.

Ce caractere, comme on le voit, n'est point formé par la Nature: c'est l'ouvrage de l'éducation, ou plutôt de l'exemple; ce sont les hommes que l'enfant avoit

ſous les yeux, qui ont formé ſon
caractere : il eût été juſte, bien
faiſant & vertueux, s'il n'eût connu que ſes parents, ou s'il n'eûſt
vu dans la maiſon paternelle que
des hommes modeſtes, honnête,
& vertueux.

Si cet enfant pouvoit conſerve
la mémoire des impreſſions étrangeres qu'il a reçues, il ſçauroit qu'i
doit l'orgueil & les dédains offen-
ſants à celui-ci, à celui-là l'amou
des richeſſes, à cet autre l'ambition, l'amour de la parure, l'oſ-
tentation, &c.

Comme ces exemples agiſſen
ſur l'enfant long-temps avant qu'
réfléchiſſe, & qu'on n'a pas ob-
ſervé l'effet qu'ils produiſent ſu
ſon cœur & ſur ſon imagination
on croit injuſtement qu'il tient ſo
caractere des mains de la Nature
quoiqu'en effet elle eût mis en lu
tous les principes des vertus ſocia
les & aucun de ſes vices ni de ſe
défauts.

CHAPITRE III.

On peut ramener à la pratique des vertus sociales, les hommes qui s'en écartent.

RIEN n'est plus puissant, mais en même-temps rien n'est aussi flé-xible que l'amour du bonheur : il est le principe de toutes nos ac-tions, & la source de toutes nos inconstances ; il porte l'homme à tout ce qui a l'apparence du bien, & l'en détache aussitôt qu'il cesse de le trouver agréable, ou qu'il voit que cette apparence masquoit un mal.

Ce n'est donc point exprès, que l'homme s'écarte de la route qui conduit au bonheur, & pour l'y fai-re rentrer, il ne faut que l'éclairer & le convaincre qu'il se trompe, & qu'il prend pour le principe du bon-heur, ce qui n'en a que l'appa-

rence. Ainsi, pour ramener à l
pratique des vertus sociales l'homme qui s'en écarte, il faut lui fair
sentir, le convaincre qu'il n'y [a]
point d'autre moyen d'être heureux, que de pratiquer ces vertus, & que tout autre moyen con
duit au malheur.

La Nature a tout préparé pou
produire cette conviction & c
sentiment dans l'homme.

Par l'amour que la Nature lu
inspire pour le bonheur, par l
mélange des biens & des mau
dont elle l'environne, elle le fo
ce à réfléchir sur les objets aux
quels le plaisir ou la douleur sor
attachés, sur les causes qui pro
duisent le bonheur ou le malheu
Enfin, par la raison dont elle l
doué, il peut appercevoir le rap
port & la liaison des causes & d
effets; voir en quelque sorte,
sentir en même-temps les chos
qui se succédent; voir & sent

dans le même instant les effets & les causes. Or, nous avons vu que la Nature attache le bonheur aux vertus sociales, & le malheur aux vices contraires au bonheur de la société : il n'est donc point d'homme, non-seulement qui ne soit porté à réfléchir sur les causes du bonheur & du malheur, mais encore qui ne puisse connoître que le bonheur est uni à la pratique des vertus sociales, & le malheur aux vices.

Par tout ce que nous avons dit sur les inclinations sociales de l'homme, il est clair qu'il n'y a point d'homme qui ne puisse connoître qu'une action qui nuit aux autres, excite la haine des hommes, attire leur indignation, & conduit enfin au malheur. Ainsi toutes les fois qu'un homme veut commettre une action nuisible au bonheur des autres, on peut lui faire voir que cette action conduit au malheur : alors l'action ne se présente plus comme une source de bonheur, mais comme un mal, & l'amour du bonheur ne permet pas de la commettre.

Quand il seroit vrai, que l'homme n'est déterminé que par les sensations, la raison pourroit le garantir du crime auquel il est porté par l'attrait des sensations agréables. Elle pourroit le faire triompher de leur pouvoir en appellant pour ainsi dire à son secours, les sensations douloureuses, l'ennui, les malheurs auxquels le vice & le crime conduisent infailliblement ; en peignant fortement les suites affreuses du vice & du crime. La peinture fidelle, la vue certaine des malheurs inséparables du vice, ne sont-elles pas en effet des sensations douloureuses que la raison unit à l'image, à l'idée des objets qui séduisent par des sensations agréables.

Ces objets ne ceffent-ils pas dès ce moment, de paroître deftinés à procurer le bonheur de l'homme ? N'eft-il pas dans la nature de l'homme, de craindre encore plus la douleur qu'il n'aime le plaifir ?

Ainfi, la raifon découvre la chaîne des biens & des maux qui tiennent aux vertus & aux vices ; c'eft un Prophéte que la Nature a mis au dedans de chaque homme pour lui annoncer tous les malheurs dans lefquels le crime doit le précipiter ; elle les lui rend préfents, elle lui fait voir tout ce que le preftige de la paffion lui déroboit, elle le fait fentir, elle ouvre à fes yeux le précipice où le vice conduit ; elle le fufpend pour ainfi dire, fur fes abimes, & le fait trembler.

La lumiere de la raifon peut donc convaincre l'homme, qu'il ne peut trouver le bonheur que dans les vertus fociales, & que

les actions contraires à la société
l'entraînent dans des maux de
toute espéce. Elle peut donc le
ramener à la pratique des vertus
sociales s'il s'en écarte.

» Enfin, il y a des notions com-
» munes, dont tous les hommes
» conviennent également ; les dif-
» putes, les séditions, les guer-
» res, d'où viennent elles ? de l'ap-
» plication de ces notions com-
» munes a chaque fait particulier.
» La justice & la sainteté sont pré-
» férables à toutes choses, person-
» ne n'en doute ; mais une telle
» chose est-elle juste, est-elle sain-
» te ? voilà sur quoi l'on s'égare.
» Chassons cette ignorance, & ap-
» prenons à appliquer ces notions
» à chaque fait particulier ; il n'y
» aura plus de disputes, plus de
» guerres ; Achille & Agamemnon
» feront d'accord (1).

____

(1) Nouveau Manuel d'Epictete, trad. de
Dacier. t. 2. p. 52.

Ce fut en developpant ces notions & les principes de la sociabilité, dans l'esprit & dans le cœur des hommes sauvages & dispersés, que les sages les réunirent & les policerent; ce fut en les éclairant que Thésée, Orphée, Musée, Minos, Lycurgue, Numa, Solon, &c. imposerent des Loix aux passions les plus impérieuses, à l'amour effréné de la liberté, du luxe, des richesses & des plaisirs.

C'est cet empire de la raison sur les passions & sur les habitudes, que les Gaulois représentoient sous l'emblême d'Hercule. Ce n'étoit point la force de son bras, mais la puissance de sa raison qu'ils admiroient; ils le peignoient sous la figure d'un vieillard qui tenoit enchaînés une infinité de peuples attachés à sa langue par des filets d'or qui aboutissoient à leurs oreilles. Ces peuples le suivoient sans effort, sans répugnance & volontairement. Ils paroiſſoient ignorer leur captivité, parce qu'elle étoit l'effet d'une puiſſance qui étoit au-dedans d'eux-mêmes; ils paroiſ-ſoient la chérir, parce que l'hom-me n'eſt heureux que ſous l'em-pire de la raiſon. Comme l'Hercu-le Grec, l'Hercule Gaulois avoit une peau de lion, & une maſſue, mais il tenoit à ſa main gauche un arc, & portoit ſur ſon épaule, un carquois pour marquer que c'é-toit par des raiſons qui pénétrent juſqu'au fond de l'ame, qu'il domp-toit les paſſions, & non par des métaphores, qui n'agiſſent que ſur l'imagination ; que c'eſt par la lu-miere qui diſſipe les erreurs, que l'on corrige les hommes, & non pas par des phraſes ſonores qui flattent l'oreille ſans parler à la raiſon, & qui n'y trouve que des idées fauſſes, lorſqu'elle les exa-mine. (1).

____

(1) L'Hercule Gaulois, dans Lucien.

Les principes des vertus sociales toujours subsistants dans le cœur de l'homme, peuvent toujours produire cet effet.

Othon, livré dès sa jeunesse à la volupté, à l'ambition, parvenu à l'empire avec des peines infinies & par mille intrigues, entend au fond de son cœur la voix de l'humanité, les gémissements de la patrie, qui lui reproche les maux que son ambition va causer : aussi-tôt il ne voit plus la suprême puissance que comme un présent funeste qu'on lui a fait, & la conservation de sa vie que comme un crime ; rien ne peut l'empêcher de mourir (1).

Ptolomée-Philometor, fut d'abord un Prince sans vertu, sans courage, sans application, c'étoit l'effet de l'éducation molle & effé-

______

(1) Plutar. vie d'Othon, ci-dessus chap. précédent.

minée que lui avoit donné l'Eunu-
que Rulcus, pour gouverner plus
absolument sous son nom. Mais
on ne tarda pas à voir sortir ce
Prince de cette indifférence & de
cette foiblesse, pour s'occuper du
bonheur de ses sujets, dont il devint le pere, & qu'il rendit heureux (1).

    »Quand *Y-u* ce fameux Minif-
»tre de la Chine, vit que l'Empe-
»reur *Tai-k-y-a* dégeneroit des
»vertus du Prince *Tschin-Tang*
»son grand pere, il le fit descendre
»du thrône dont il se rendoit in-
»digne, & le renferma dans un
»Palais secret, où étoit le mau-
»solée de son grand pere. Cette
»action lui attira un applaudisse-
»ment général. Ce Prince à la vue
»des cendres de ce Heros dont il
»étoit issu, rentra dans lui-même,

---

(1) Diod. Fragm. Polyb. excerpt. Valef.
p. 191.

» se reprocha le déréglement de
» sa vie, detesta ses vices, & s'ap-
» pliqua sérieusement à l'étude de
» la sagesse. Dès que le Ministre se
» fut assuré de son changement,
» il le retablit sur le thrône. Ce
» fut un nouveau sujet de joie pour
» le peuple qui applaudit égale-
» ment, & à la sagesse du Minis-
» tre, & à la docilité du jeune
» Empereur. *Tai-k-y-a* revenu de
» ses égarements, regarda son Mi-
» nistre comme son pere, ne se
» conduisit que par ses conseils, &
» gouverna l'Empire avec beau-
» coup de sagesse (1).

Pendant le régne de Vespasien,
Tite avoit des vices; lorsqu'il fut
Empereur, il n'eut que des vertus; son régne fut le régne de la
bienfaisance, & il sacrifia au desir
de l'estime & de l'amour des Ro-

____

(1) Du Halde, t. 1. p. 307.

mains les paffions les plus indomp-
tables (1).

Tite deftiné à régner fur prefque tout le monde connu, retour-
noit à Rome, après l'expédition
de Jerufalem, il voulut voir Apollone de Thiane; il lui demanda
des regles pour bien gouverner.
Souffrez, lui dit Apollone, les
réprimandes de Demetrius, philo-
fophe cynique, qui fait profeffion
de dire la vérité, fans refpecter
qui que ce foit. Tite promit de
fuivre fon confeil.

Apollone étoit encore avec ce
Prince, lorfque les habitants d'une
ville lui demanderent une grace
importante. Je me fouviendrai de
votre requête, lui dit Tite, & j'en
parlerai à mon pere, je ferai même votre avocat. Prince lui dit
Apollone, que feriez vous fi l'on
venoit vous donner avis que quel-

______

(1) Suetone in Tit.

ques-uns de ces habitants faisoient une ligue contre vous & contre votre pere, & qu'ils avoient des intelligences secretes avec les Juifs dans Jerusalem. Je ne pourrois, répondit-il, me dispenser de les faire mourir ? Est-ce donc, reprit Apollone que vous pouvez condamner de vous-même sur le champ à la mort, des hommes, & que pour faire des graces, il faut délibérer long-temps, & avoir recours au conseil & à l'autorité d'un autre ? L'avis d'Apollone détermina Tite ; sur le champ il accorda la grace qu'on lui demandoit, & fut ravi qu'en l'éclairant on l'eût en quelque sorte forcé de faire du bien (1).

La raison & l'humanité ont sur l'homme un empire, auquel la puissance la plus absolue ne peut le soustraire. Il n'en est point qui

____

(1) Philostrate, vie d'Apollone, *l.* 6. *c.* 14. 15.

ne craigne d'être injuste & dérai-
sonnable: jamais toutes les avenues
ne sont fermées à la vérité dans
leur ame, jamais elle ne perd son
autorité sur eux. Ceux qui les en-
vironnent connoissent le moyen
de l'y faire pénétrer, & d'arrêter
leurs passions.

Le P. du Halde rapporte, que le
Roi de *Tsi* avoit un cheval qu'il
aimoit beaucoup, & qui mourut
par la faute de son palfrenier. Le
Roi l'apprenant, saisit un lance
dont il alloit percer le palfrenier:
un Courtisan détourna le coup,
& lui dit : Prince, il s'en est peu
fallu que cet homme ne soit mort
sans être bien instruit de sa faute.
Instruisez-le, dit le Roi, j'y con-
sens. Alors le Courtisan prenant
la lance, & s'adressant au palfrenier, lui dit : » malheureux, voici
» tes crimes, écoute-les bien : pre-
» mierement, tu es cause de la mort
» d'un cheval, toi, que le Prince

» avoit chargé de le bien soigner ;
» dès-là tu mérites de mourir. En se-
» cond lieu, tu es cause que mon
» Prince pour avoir perdu son che-
» val, s'est irrité jusqu'à vouloir te
» tuer de sa propre main : voilà un
» second crime capital plus grief
» que le premier : enfin, tous les
» Princes & tous les Etats voisins
» vont savoir que mon Prince a fait
» mourir un homme pour venger la
» mort d'un cheval, le voilà perdu
» de réputation, & c'est ta faute,
» malheureux, qui entraîne toutes
» ces suites : la connois-tu bien ?
» Laissez-le aller, dit alors le Prin-
» ce, ne faisons point de brêche à
» ma bonté, je lui pardonne (1).

Les Ministres de l'Empereur *Hien-Tsong*, lui représentoient avec force & avec vérité que des inondations & une chaleur ex-cessive avoient réduit à l'extrémi-

---

(1) Du Halde, *t. 2. p. 632.*

té deux grandes Provinces; un
Yuſſée, c'eſt-à-dire, un Docteur
attaché à la Cour, arrive de ces
Provinces, l'Empereur lui demande en quel état elles ſont; le Docteur répond que le mal n'a pas été
grand. A quoi m'en tenir & quel
parti prendre? dit l'Empereur, en
rapportant à ſes Miniſtres le diſ-
cours du Docteur courtiſan.

Un des Miniſtres prit la parole
& dit au nom de tous.

»Prince, nous avons entre les
» mains tous les avis des Magiſtrats
» de ces deux contrées; quand on
» les lit avec attention, il n'en eſt
» point où l'on ne ſente que celui
» qui les donne tremble pour lui,
» & craint que la Cour ne lui faſſe
»un crime de ce que ſouffre ſon
» peuple : quelle apparence y a
» t-il que des gens ainſi diſpoſés
» oſent vous chagriner par de faux
» avis? Il eſt bien plus naturel de
» croire que cet *Yuſſée* dont votre

» Majesté parle, a dit en courti-
» san ce qu'il a jugé pouvoir
» vous plaire : je voudrois sçavoir
» quel est cet *Yussée*, pour le citer
» en justice & le faire juger selon
» les Loix.

» Vous avez raison, reprit l'Em-
» pereur, ce qu'il y a de principal
» dans un état, ce sont les hom-
» mes : dès qu'on est averti qu'ils
» souffrent, il faut se hâter de les
» secourir. Les soupçons en ces
» occasions sont hors de saison ; ce
» *que je vous ai opposé m'est échap-*
» *pé mal à propos.*

Aussi-tôt l'ordre fut donné de
secourir aux dépens de l'Empereur les Provinces qui avoient
souffert (1).

L'histoire de la Chine est remplie de semblables exemples.

Rien n'est donc moins philosophique que ces déclamations, ces

---

(1) Du Halde, *ibid.*

épigrammes, par lesquelles on prétend prouver l'inutilité des réflexions & l'impuissance de la raison pour réprimer les vices & pour corriger les défauts des hommes.

On est d'abord étonné que dans la Nation la plus légere, & la plus inconstante, on croie l'homme inflexible dans ses sentiments & dans ses inclinations, invariable dans certaines idées & dans certaines opinions. Mais lorsqu'on réfléchit, on trouve qu'en effet l'extrême frivolité ôte presqu'entierement à la raison sa force réprimante, & qu'elle rend en quelque sorte l'homme incorrigible, & opiniâtre jusqu'à l'inflexibilité dans ses petites fantaisies.

La raison n'est une force réprimante que parce qu'elle met sous les yeux de l'homme, les maux attachés au vice & au crime, parce qu'elle lui fait voir leur liaison

néceſſaire : pour découvrir cette
liaiſon, il faut réfléchir, il faut fixer
ſon attention, & l'homme frivole
ne peut ni réfléchir ni fixer ſon
attention qu'avec une peine extrême, il eſt donc très-difficile qu'il
ſe corrige : il faudroit à l'homme
frivole de grands motifs pour vaincre cette difficulté qu'il éprouve,
lorſqu'il lui faut fixer ſon attention;
& dans une Nation frivole, livrée
au luxe, à l'amour des richeſſes,
quel motif oblige l'homme frivole
à réfléchir & à ſe corriger ?

Dans une Nation livrée au luxe,
aux plaiſirs, au deſir d'amaſſer des
richeſſes, l'enfant réfléchit à peine,
qu'on lui fait enviſager les richeſſes, les talents agréables, le crédit
comme les ſources du bonheur.
On ne s'occupe pendant ſa jeuneſ-
ſe qu'à graver ces principes dans
ſon ame : on n'exerce ſon eſprit
que ſur les moyens d'acquérir des
richeſſes, du crédit, des talents

agréables : lorsqu'il entre dans le
monde, il y voit tout sacrifié à ces
objets, il les voit obtenus par l'intrigue & par la cabale, souvent
accordés au vice & à la perfidie, il
n'y voit au moins extérieurement
le vice & le crime funestes à aucun
des hommes qui ont acquis du crédit ou des richesses, il ne soup-
çonne pas qu'il soit dans la route
qui conduit au malheur : pour le
lui faire concevoir, il faudroit ef-
facer toutes ses idées, les anéantir, le remettre dans l'état d'une
ignorance absolue, & faire de son
ame une table raze : peut-il se
prêter de lui-même à cette opéra-
tion qui lui paroît humiliante,
inutile & même impossible ?

Pour l'y déterminer, il faudroit
qu'un grand malheur produit subitement par le vice le détrompât
subitement sur l'idée qu'il s'est faite du bonheur : or dans une Nation corrompue par le luxe, le

vice & le crime ne produifent
point ces effets fubitement.

On ne fe corrige donc point
dans une Nation où régnent le
luxe, les richeffes & la frivolité;
mais les hommes n'y font pas in-
corrigibles, s'ils font capables de
raifonner; puifque, comme nous
l'avons dit, on peut leur faire voir
que le vice n'a rendu perfonne
véritablement heureux, & qu'il
conduit infailliblement au malheur.

Ceux qui prétendent qu'on ne
fe corrige point, n'ont-ils jamais
réprimé les faillies de leur humeur,
étouffé un reffentiment, dévoré
un chagrin en préfence d'un Supérieur, à la vue d'un Protecteur?
Comment donc fe croient-ils in-
corrigibles? & ne les verrions-nous
pas fe corriger & pratiquer les vertus fociales, fi le Supérieur, fi le
Protecteur dont ils attendent leur
bonheur, n'accordoit en effet fes

faveurs qu'à la vertu? oui la puiſſance Souveraine d'un Monarque peut faire rentrer dans le
chemin de la vertu tous ceux qui
s'en écartent.

Ce que la crainte d'un Supérieur redoutable, d'un Protecteur
puiſſant, ou d'un Souverain fait
ſur l'inférieur, ſur le protégé, ſur
le ſujet, la raiſon peut le faire ſur
tout homme qui réfléchit. Quelque puiſſance qu'il ait, lorſque
toutefois il ne s'agit pas de ſa-
tisfaire un beſoin primitif ou un
beſoin phyſique qui naît d'une
habitude invétérée, ou enfin lorſque l'homme n'eſt pas dans l'accès d'une paſſion violente (l'homme dans tous ces cas eſt indocile
à la raiſon) ſon état eſt plus terri-
ble que la mort, il craint moins
de mourir que de reſter dans l'état
où il eſt, il voit le péril qu'on lui
montre, il approuve ce qu'on lui
dit, & il fait le contraire, parce

que

que le mal qu'il éprouve est supérieur au mal qu'il prévoit. Mais
cet état n'est pas l'état naturel de
l'homme, & il est peu durable,
l'homme rendu à lui-même peut
prendre des précautions pour le
prévenir. En un mot la pratique
des vertus sociales étant l'état naturel de l'homme, il est toujours
possible de l'y ramener.

SECTION SIXIEME.

*Des différentes espéces de so-
ciétés que forment les hommes, de leurs Loix, & de
l'obéissance que l'on doit à
ces Loix.*

QUAND l'homme sortiroit des
mains de la Nature, comme la
Fable nous représente les Géants
sortants du sein de la terre, avec
des forces prodigieuses, & avec
des armes rédoutables ; il seroit
cependant encore un être foible
& malheureux, s'il étoit isolé sur
la terre, s'il avoit à combattre seul
les animaux réunis, les éléments,
les maladies , & les infirmités ;
ainsi, quelle que soit l'origine de
l'homme, dans quelqu'état qu'il

ait commencé à exister, il a eu
besoin de s'unir aux autres hommes, & il est déterminé par son
organisation à les rechercher & à
s'unir à eux.

Le besoin de se nourrir essentiel à l'homme, est facile à satisfaire dans quelque lieu qu'il se
trouve sur la terre ; ainsi ce besoin
ne doit causer aucune haine entre les hommes que leur foiblesse
a réunis.

Le besoin de se reproduire qui
lui est commun avec tous les animaux, forme entre les deux sexes
une union essentiellement différente de celle de tous les animaux, il develope des sentiments
d'amour, de complaisance, de
tendresse, qui rendent l'homme &
la femme capables de se dévouer
au bonheur l'un de l'autre, lors
même qu'ils n'éprouvent point le
besoin qui réunit les deux sexes.

Le desir de se reproduire, forme

donc entre les deux moitiés du genre humain, un attachement tendre, conſtant, & à l'épreuve des cauſes qui produiſent le dé-goût, les caprices, l'indifférence & la déſunion parmi des êtres qui ne ſont unis que par des beſoins purement phyſiques, ou qui n'ont pour objet que leur propre bon-heur, ſans égard pour le bonheur des autres.

Les Loix que la Nature a établies pour la reproduction de l'homme, ſa foibleſſe & la longueur de ſon enfance, le ſoin des peres & des meres pour ſon éducation, lient les peres & les enfants par l'habi-tude de la tendreſſe & de la recon-noiſſance qui rendent les plaiſirs & les malheurs communs à toute la famille. Ainſi à meſure que les hommes ſe multiplient, la ſphère de la tendreſſe & de l'attache-ment, ſi je peux parler ainſi, s'é-tend, ſon activité augmente, &

forme de toute la famille, une assemblée d'hommes dont l'existence devient précieuse à ceux qui la composent.

Par sa constitution organique, l'homme souffre, ou ressent du plaisir lorsqu'il voit un autre homme heureux ou souffrant. L'homme reçoit donc de la Nature une sensibilité qui le porte vers tous les hommes, qui l'unit à eux, qui l'associe pour ainsi dire, à leur bonheur & à leur malheur, indépendamment de l'éducation & de la réfléxion. Il y a donc une parenté naturelle entre tous les hommes, & la sensibilité organique suffit pour produire entre eux un attachement semblable à celui que produisent la naissance & l'éducation entre les enfants d'un même pere.

Lorsque les hommes se rapprochant cessent de mener une vie errante, & se fixent, le loisir dont ils jouissent, leur rend la compagnie des autres hommes agréable, utile, & même nécessaire : ils y trouvent des secours contre les périls, du soulagement pour leurs maux, de la consolation dans les afflictions : les infirmités mêmes de la condition humaine, concourent avec le sentiment de l'humanité pour unir les hommes par un sentiment d'intérêt réciproque, qui se joint à l'humanité pour lui aider à triompher des répugnances de la paresse & de la délicatesse, dans le soulagement des infirmes, qui peut devenir le supplément de la compassion & de la bienfaisance naturelle, tenir tous les hommes unis, & les engager à se secourir, malgré le désagrément que leurs infirmités & leurs foiblesses peuvent causer dans leur association.

Le secours que reçoit un malheureux fait naître dans son cœur

un fentiment de reconnoiffance
qui lui reud la vie de fon bienfaiteur précieufe , & qui augmente la bienveillance du bienfaiteur.

Le fervice qu'un homme rend
à un malheureux , n'infpire pas
feulement de la reconnoiffanc au
malheureux, il la fait naître dans
le cœur de tous ceux qui con-
noiffent fon bienfait, il leur devient cher , ils s'empreffent de lui
témoigner leur attachement, leur
eftime, leur zéle.

Le zéle, l'eftime, l'attachement
du public, produifent dans l'homme bienfaifant un fpectacle flat-
teur & touchant , qui fait naître
dans fon cœur le defir d'être utile
à tous les hommes. La bienfaifance naturelle & l'humanité qui ne
paroiffent deftinées qu'à empêcher
l'homme de nuire , deviennent des
fources de bonheur , & des principes de générofité. L'homme eft

K 4

bienfaisant par amour pour les autres, par goût pour la bienfaisance, & par intérêt personnel; il est
capable de faire des sacrifices au
bonheur de ses semblables.

A tous ces motifs, la Nature
ajoute le sentiment de l'amitié plus
tendre, plus vif & plus puissant
que toutes les autres inclinations
naturelles. Par lui, la Nature donne à chaque homme une consolation, un secours, un bonheur
toujours présent, un associé qui n'a
pour objet que le bonheur de son
associé; & qui lorsqu'il faut le
procurer, n'est jamais effrayé par
les périls, ou rebuté par les difficultés.

La Nature ne s'est pas conten-
tée de donner à l'homme, tous
ces sentiments, toutes ces inclinations, comme autant de maîtres, de moniteurs & de guides. Elle a mis dans son cœur des
témoins, des juges, des ré-

munérateurs plus équitables &
plus généreux que les hommes ;
la raison & la conscience, qui
remplissent l'ame de l'homme
bienfaisant, de satisfaction & de
plaisir, lorsqu'il est ignoré ou même condamné, mais des juges
inexorables qui le condamnent
& qui le punissent, s'il est malfaisant, & lors même que les hommes lui déguisent son injustice.

Le malheur rendu par les Loix
de la Nature, inséparable de toutes les actions qui nuisent au bonheur des autres vient au secours
de la raison & de la conscience,
& semble être toujours en vigie
pour repousser vers le bonheur
général tous ceux qui ne cherchent que leur bonheur particulier. Enfin, si l'homme résiste à
tous ces motifs, la Nature lui montre une puissance immense qui promet les plus magnifiques récompenses à la bienfaisance & à la ver-

K 5

tu, qui punit par les châtiments les plus rigoureux, l'injustice & l'inhumanité.

C'est l'auteur de la Nature qui est le principe & la cause de toutes les inclinations sociales de l'homme, de toutes ses facultés, de tous ses besoins : c'est lui qui a mis dans tous les événements, l'ordre qui y régne constamment. Rien ne peut le changer, ainsi les hommes, non-seulement pour obéir à l'être-suprême, mais encore pour être heureux sur la terre, doivent former entr'eux une société qui a pour Loix les vertus sociales que nous avons trouvées dans le cœur de l'homme ; ils doivent composer une famille.

La multiplication des hommes ne leur permet pas d'habiter dans les mêmes lieux, dans les mêmes contrées, ils sont obligés de se partager, & de former des corps séparés, à qui la nature du climat qu'ils habitent , & les différentes circonſtances , font prendre des mœurs & des idées particulieres , des moyens différents de ſe nourrir , & d'arriver au bonheur.

Cette diſtribution des hommes en différents corps , ne change point l'eſſence de l'homme. Les relations eſſentielles que la Nature a miſes entre un homme & un autre homme ſubſiſtent , dans quelque contrée qu'ils habitent. Ainſi , il y a eſſentiellement une ſociété générale & univerſelle, qui embraſſe tous les hommes, & des ſociétés particulieres ; dont les membres ſans ſe détacher de la grande ſociété , ont cependant des Loix particulieres, qui ne peuvent être que des applications différentes des Loix de la ſociété générale.

C'eſt dans la connoiſſance de ces Loix, que la morale & la Politique doivent chercher les moyens de gouverner les hommes & de les rendre heureux : le développement que nous avons fait des besoins, des inclinations & des facultés de l'homme, les effets que nous avons vûs attachés au bon usage ou à l'abus que l'homme en fait, contiennent ces Loix ; mais la connoissance m'en paroît si nécessaire que je n'ai pas regardé comme une répétition inutile de les rapprocher, & d'en faire en quelque sorte des aphorismes de Droit naturel & de Droit des gens, de Morale civile & de politique générale, dans lesquels on pût voir le précis du systême de la Nature par rapport à la société que les hommes doivent former & par rapport au bonheur auquel ils doivent aspirer : j'examinerai ensuite quelle espéce d'obéissance l'homme doit à ces Loix.

CHAPITRE PREMIER.

De la société universelle, ou de la société que forment tous les hommes, & des Loix de cette société.

1.° LEs besoins, les inclinations de l'homme, le rapport de son bonheur avec les phénomènes de la Nature, le conduisent à la connoissance d'une intelligence suprême qui a créé le monde & l'homme, qui a donné des Loix à la Nature, & prescrit des régles à l'homme ; qui veut en être honorée, & à laquelle l'homme doit un culte.

Que cet objet soit ou ne soit pas le premier dans l'ordre du développement des inclinations & des qualités sociables de l'homme, considéré dans un état de pure nature, il en est certainement fa fin; il est donc non seulement le plus important, mais encore le premier des principes du Droit naturel pour l'homme qui a réfléchi, & aucun homme ne peut ignorer invinciblement que cette intelligence existe, & qu'il lui doit un culte.

2.° La distance des lieux, la différence des climats, ne changent ni l'organisation de l'homme, ni son essence : par-tout il a les mêmes besoins & les mêmes inclinations naturelles ; tous les principes de bienfaisance & d'humanité qui naissent de l'organisation de l'homme, & du fond de son ame, subsistent donc entre tous les hommes, quelque climat qu'ils habitent, & sous quelque gouvernement qu'ils vivent. Ainsi par-tout où deux hommes se rencontrent, ils sont dans un état de paix & de société : avant qu'ils aient fait aucune convention, il sont unis, alliés & freres,

3.° Les principes de sociabilité que nous avons exposés, sont
des régles qui doivent diriger la
conduite de l'homme ; elles lui
font preſcrites par l'intelligence
créatrice, & il ne peut s'en écarter
ſans devenir malheureux : puis
donc que ces principes exiſtent
dans tous les hommes & dans
tous les temps, ils ſont des Loix
immuables & perpétuelles de la
ſociété générale que tous les hommes doivent former ſur la terre.

4.° La réunion de ces principes forme le droit naturel.

5.° Par ce que nous avons dit
ſur l'humanité, ſur la bienfaiſance
& ſur l'amitié naturelle, l'homme
ſouffre lorſqu'il voit ſouffrir un
autre homme, il éprouve du plaiſir lorſqu'il le voit heureux, il deſire de communiquer le bonheur
dont il jouit lui-même ; ainſi de
Droit naturel, un homme doit
lorſqu'il le peut, contribuer au bon-

heur des autres, de quelque Nation, de quelque Pays, de quelque condition qu'il soit.

6.° Les hommes ont un désir naturel de l'amitié de leurs semblables, & par l'institution de la Nature, il ne peut faire naître ces sentiments que par des actes d'humanité, de justice & de bienfaisance : ainsi par le Droit naturel, il ne suffit pas que l'homme ne fasse point de mal, il faut qu'il soit utile aux autres, que sa justice & sa bienfaisance soient actives.

7.° Puisque l'estime & l'amitié contribuent au bonheur de l'homme, & que dans l'institution de la Nature, la bienfaisance active fait naître ces sentiments, on doit de Droit naturel, de l'estime & de l'amitié à tous les hommes justes & bienfaisants.

8.° L'homme craint naturellement la haine & le mépris des autres hommes ; par l'institution de

la Nature, l'injuſtice, la méchanceté, font naître ces ſentiments,
& ils ſont deſtinés à réprimer l'homme inhumain, injuſte & méchant:
c'eſt donc manquer à une obligation naturelle que de ne pas témoigner du mépris, de la haine
& de l'indignation à l'injuſte, au
méchant, à l'homme dur & inſenſible : c'eſt violer le Droit naturel
que de témoigner à cet homme,
du reſpect, de l'eſtime & de l'a-
mitié : car puiſque la Nature a dé-
poſé dans notre cœur la haine &
le mépris comme une force deſti-
née à réprimer les méchants,
l'homme qui cache ces ſentiments,
qui les étouffe par crainte, eſt un
lâche qui abandonne ſon poſte,
il trahit la Nature & la ſociété
générale.

9.° Par l'inſtitution de la Nature, le malheur d'un homme n'eſt
point néceſſaire à l'exiſtence d'un
autre homme, l'homme ne peut

même voir souffrir son semblab[le]
sans ressentir de la douleur; on vio[le]
le donc le Droit naturel en ne sou[la]
lageant pas un malheureux, & en [se]
faisant servir le malheur des autres à son plaisir.

La traite des Negres qui n'a[...]
pour objet que de procurer à l'Eu[...]
rope des productions de luxe, & [...]
qui entretient dans le sein de l'A-
frique la guerre & la désolation [...]
est donc une transgression horri-
ble du Droit naturel, laquelle par [...]
une suite des Loix de la Nature [...]
ne peut manquer de devenir fu[...]
neste à l'Europe.

Le Négociant insatiable ; le [...]
Colon avide, en arrachant les Né[...]
gres à leur patrie, en les poliçant,
en leur apprenant les arts, travail[...]
le à former dans l'Amérique une [...]
puissance qui sera peut-être formi[...]
dable un jour aux Nations com-
merçantes de l'Europe : peut-être
verra-t-on un jour les Negres &[...]

les Américains élever un état puiſſant dans le nouveau Monde, & les Européens dépouillés de leur puiſſance dans ces contrées, conſerver leurs goûts pour les productions de ces climats, & ne pouvant ſe réduire à la ſimplicité de la Nature, ſe faire la guerre pour ſe procurer de l'argent avec lequel ils acheteront le ſucre, l'indigo, le café, &c.

10.° Par l'inſtitution de la Nature tous les hommes reſſentent les maux de leurs ſemblables : un homme qui fait du mal à un autre homme, en fait à tous ceux qui le voient, à tous ceux qui le ſavent : ainſi le Droit naturel oblige à défendre, à ſecourir, à protéger le foible contre le fort, la douleur que nous cauſe la vue du foible opprimé, eſt un ordre que la Nature nous donne pour courir à ſon ſecours.

11.° Puiſque l'homme n'agit

que pour être heureux, & que le
malheur de son semblable n'est
pas naturellement nécessaire à son
bonheur, un homme en se défendant, ne doit jamais aller au de-
là de ce qui est indispensable pour
réprimer l'aggresseur & pour le
contenir, la clémence est donc
une obligation naturelle.

12.° Puisque l'homme n'agit que
pour être heureux, & que la Nature
ne le fait point naître ennemi de ses
semblables, c'est un devoir d'attribuer le mal qu'il fait, à quelqu'ereur,
& non pas au desir de nuire : l'indulgence est donc encore une obligation naturelle, & une justice, aussi bien que le pardon des offenses.

13.° Par l'institution de la Nature, l'homme ne sent de l'estime
& du respect que pour la bienfaisance généreuse, pour les talents
consacrés au bonheur général,
pour les grandes qualités utiles ;
l'homme qui prétend au respect,

& qui exige des hommages comme puiſſant, ou comme deſcen-
dant d'hommes puiſſants, viole
donc le Droit naturel, auſſi bien
que ceux qui le reſpectent & qui
lui rendent des hommages.

En effet, la Nature a confié à
l'homme, le reſpect & les hommages pour récompenſer la vertu,
& pour encourager la bienfaiſance : c'eſt un bien dont elle le fait
dépoſitaire & dont elle lui confie
la diſtribution pour le bonheur
général de l'humanité : en grati-
fier la puiſſance qui n'eſt que ter-
rible & dangereuſe, ou la naiſſance & la dignité ſans bienfaiſance
& ſans vertu, c'eſt encourager
l'audacieux & l'oppreſſeur, c'eſt
le déclarer le fauteur de l'orgueil
qui rend l'homme inſenſible & inhumain, c'eſt empêcher que les
hommes ne conſacrent leurs talents au bonheur général.

14.° Il paroît que la Nature

fait naître les hommes avec le
mêmes difpofitions, les même
talents, les mêmes inclinations
& par conféquent dans un état d
parfaite égalité. Quand il feroi
vrai qu'elle met des différence
dans leurs talents & dans leurs fa
cultés, l'homme le plus rare & l
plus diftingué ne peut favoir fi le
autres hommes n'ont pas reçu de
talents fupérieurs à ceux qu'il
reçus, s'ils n'euffent pas été ce qu'i
eft & peut-être fupérieurs à lui
s'ils avoient été dans les circont
tances dans lefquelles il s'eft trou
vé : la fupériorité de talents, d
lumieres, de forces, ne doit don
point affoiblir le fentiment de l'é
galité naturelle entre les hommes
aucun n'eft en droit de fe croir
naturellement fupérieur à un au
tre homme.

Le vaniteux qui fe complaî
dans les chofes qui ne le renden
ni meilleur, ni plus eftimable, &

qui méprise ceux qui en sont privés, le superbe qui se glorifie de ses avantages ou de ses qualités, qui s'élève insolemment au dessus des autres, l'arrogant qui vante & qui s'exagere ses talents & ses droits, violent le Droit naturel.

Ainsi l'humilité, ou cette disposition d'esprit & de caractere qui fait que l'homme s'estime toujours moins qu'il ne vaut, & qui suppose dans les autres, des qualités qui auroient pu les rendre supérieurs à lui; la modestie, ou cette disposition d'esprit & de cœur qui fait que l'homme ne se prévaut jamais de ce qu'il reconnoît d'estimable en lui, qui s'efforce bien plus d'être utile que d'attirer l'attention, de mériter l'estime que d'obtenir des éloges, sont des obligations prescrites par le Droit naturel.

15.º L'homme vain n'aspire qu'à devenir l'objet de l'attention

des autres ; le superbe ne defire
que d'exciter l'admiration & la
crainte ; l'arrogant ne s'occupe
que de fes prétentions ; la bienfaifance & l'amitié ne font point
les motifs qui font agir ces hommes, ils font ennemis du bien qui
n'eft pas favorable à leurs defirs ;
ils font dans la difpofition de faire
le mal qui les flatte, parce qu'ils
n'ont point placé leur bonheur
dans la fatisfaction intérieure que
produifent la bienfaifance & l'a-
mitié, mais dans les louanges,
dans les applaudiffements, dans
les marques extérieures de refpect
qu'on leur rend.

Cependant dans l'inftitution de
la Nature, on ne doit le refpect,
l'eftime & l'attachement qu'à la
bienfaifance, à la vertu : ainfi par
le droit naturel, on doit refufer à
l'homme vain, orgueilleux, fuffi-
fant, des témoignages de confidération, de refpect, d'eftime,

que

que la société civile ne prescrit pas. Il faut, pour ainsi dire, distin-guer le citoyen de l'orgueilleux, refuser à l'orgueil toutes ses pré-tentions, & n'accorder que ce que l'on doit au citoyen; il faut qu'il sente que c'est à l'humanité qu'on accorde les égards qu'on lui marque, ou à quelque bonne qualité qu'il a, & non pas à l'ex-cellence chimérique qu'il révere dans sa personne.

Ainsi, lorsque Xerxès eut résolu de faire la conquête de la Grece, il envoya des Ambassadeurs à Sparte, pour demander de la terre & de l'eau, qui étoient les signes de la soumission. Les Lacédemo-niens jetterent une partie des Am-bassadeurs dans des gouffres, & l'autre dans des puits, leur disant qu'ils pouvoient emporter à Xer-xès de la terre & de l'eau. Ce Mo-narque, sous prétexte de venger l'outrage fait à ses Ambassadeurs, fit des préparatifs de guerre qui menaçoient toute la Grece. Les Lacédemoniens, à la vue des maux que cette guerre alloit causer à la Grece, envoyerent des Ambassadeurs qui s'offrirent de mourir, pour réparer l'injure faite à Xerxès, dans la personne de ses Ambassadeurs. Lorsque ces Lacédemoniens furent arrivés & présentés au Roi de Perse, on ne put jamais les engager à l'adorer, ils répondirent qu'ils n'étoient pas venus pour cela, mais pour mourir (1).

16.° Cette espéce de fierté n'a rien de dur & d'orgueilleux, elle s'allie avec la bienfaisance, avec l'humanité ; ainsi, lorsque Ptoloméе, obligé de sortir d'Alexandrie, alloit à Rome implorer le secours du Sénat contre ses sujets, & qu'il aborda à Rhodes où étoit

____

(1) Herodot. *l.* 7. Plutar. dits. not. des Lacédemoniens.

Caton d'Utique, il envoya chez
lui, » ne doutant pas que, dès-
» que Caton sauroit son arrivée,
» il ne vînt le visiter ; mais Caton
» répondit à l'envoyé que Ptolo-
» mée vînt le trouver s'il avoit af-
» faire à lui, ce qu'il fit.

» Quand il entra, Caton n'alla
» point au-devant de lui, il ne
» daigna pas même se lever de son
» siége ; mais après l'avoir salué
» sans façon, comme un simple
» particulier il lui dit de s'asseoir.
» Cette réception si seche, décon-
» certa un peu le Roi, qui fut fort
» étonné, de trouver avec des
» dehors si simples, si populaires
» & si chetifs, des manieres si fiéres
» & hautaines. Mais, quand il eut
» commencé à lui parler de ses
» affaires, il entendit de lui, des
» discours d'une sagesse profonde,
» & tous pleins de franchise & de
» liberté : car Caton blâma fort
» ce qu'il faisoit, & lui remontra

» quelle grande félicité & quelle
» vie royale il abandonnoit, pour
» aller se livrer à une dure servitu-
» de, à des travaux infinis, à tou-
» te la corruption & à toute l'ava-
» rice des puissants de Rome, que
» l'Egypte même, quand elle se-
» roit convertie en or, pourroit à
» peine rassasier. Il lui conseilla
» donc de s'en retourner & de se
» raccommoder avec ses sujets, il
» lui offrit même de l'accompa-
» gner pour ménager cet accom-
» modement. Ptolomée crut en-
» tendre, non l'avis d'un homme
» sage, mais l'oracle d'un Dieu (1).

17.° Les besoins, les penchants,
les inclinations que l'homme reçoit de la Nature, étant des régles & des loix, qui doivent le
conduire ; tout homme qui se met
librement dans un état où il ne
peut plus obéir aux Loix, viole le

____

(1) Plutar, vie de Caton d'Utique,

droit naturel : ainſi l'intempéran-
ce eſt un crime.

18.º Tous les principes de droit
naturel que nous venons d'expoſer, ſont des ſentiments, des inclinations, des penchants qui agiſſent & qui ſe développent dans
l'homme, par l'expérience, même
ſeule. Il n'eſt pas d'homme qui en
réfléchiſſant ne puiſſe connoître
la néceſſité de ſuivre ces régles ; le
deſir du bonheur & la crainte du
mal, déterminent l'homme à porter ſes refléxions ſur tous ces objets;
il ne peut donc y avoir d'ignorance invincible de la loi naturelle.

Les principes que nous venons
d'expoſer ſont donc le vrai code
de la Nature, & Hobbes reconnoît lui-même que ce ſont autant
de Loix naturelles.

Ces principes ſont des Loix naturelles ſelon cet Auteur, parce
qu'ils ſont le ſeul moyen de vivre en
paix, & que la paix eſt l'état auquel

l'homme doit tendre : il regarde ces Loix comme des barrieres que la prudence oppose à la méchanceté, & non comme des ordres que la Nature nous donne d'être utiles aux autres hommes : comme des précautions contre le mal, & non comme des sources de bonheur ; ainsi, jamais son cœur n'avoit éprouvé le plaisir que cause la bienfaisance, la reconnoissance & l'amitié.

CHAPITRE II.

Des sociétés particulieres, & de leurs Loix essentielles.

UNE partie de la surface de la terre est couverte par les eaux qui forment les mers, des lacs, des fleuves, des rivieres, & qui partagent la terre en une infinité de divisions plus ou moins étendues,

La portion du globe terreftre
qui n'eft point fous les eaux, con-
tient des montagnes, des vallons,
des plaines, des côteaux, dont les
productions & la fécondité varient
à l'infini. Prefque par-tout, on ren-
contre des terreins ftériles plus ou
moins étendus. Les hommes, en fe
multipliant, ont donc été forcés
de fe partager & de former des
corps diftingués & féparés : la différence des aliments & des contrées dans lefquelles les hommes
fe font difperfés, a mis beaucoup
de variété dans leurs reffources,
pour fatisfaire leurs befoins primitifs, & par conféquent beaucoup
de diverfité dans leurs mœurs,
dans leurs caracteres, & dans leurs
idées.

Dans la haute Afie où le terrein prodigieufement élevé, fe
trouve trop froid pour que les
grains & les fruits y mûriffent, &
pour que les arbres y croiffent ;

L 4

la Nature ne produit que des pâturages, souvent entre-coupés par des étangs, par des lacs, par des cantons stériles ; les hommes qui s'y font retirés, font naturellement devenus pasteurs & errants ; ils ont peu de loisir, ils n'ont pas eu besoin de beaucoup d'amusemens, ils n'ont point inventé d'arts agréables, ils n'ont point exercé leur raison sur des objets de spéculation.

Il en a été de même à peu près des Germains, des Gaulois dans leurs forêts, des Arabes dans leurs plaines, tantôt stériles, & tantôt abondantes, & presque toujours coupées par des plages sabloneuses, ils ont été pasteurs & errants, comme les Tartares de la haute Asie : mais ayant plus de ressources pour se nourrir, placés sous un climat moins rigoureux, les Germains & les Gaulois ont eu plus de loisir, plus de besoin de s'éclairer; leurs facultés intellectuelles ont dû se developper chez eux beaucoup plus que chez les Tartares, & plus encore chez les Arabes, que chez les Gaulois & chez les Germains.

La diversité des climats fait sur nos organes & sur nos facultés, les mêmes effets que produit sur tous les êtres sensibles, la différence des saisons & du spectacle que nous offrent le ciel & la terre.

Au midi de l'Asie & de l'Europe, en Egypte & dans l'Inde, où la Nature produit abondamment des grains, des fruits, les hommes sont devenus cultivateurs, & sédentaires : mais ces contrées si favorisées de la Nature, le lion, le léopard, le rhinoceros, le bufle, l'éléphant, une prodigieuse quantité d'animaux pâturants semblent les disputer à l'homme. Il a donc fallu que dans chacune de ces contrées les hommes fuſſent cultivateurs & armés.

Tous les hommes ne naiſſent point avec des diſpoſitions égales pour cultiver la terre, pour conduire les troupeaux, pour donner la chaſſe aux animaux terribles ; & quand ils naîtroient tous avec des forces égales, il auroit encore fallu former des claſſes différentes pour cultiver la terre, pour défendre les moiſſons contre les bêtes fauves, & les troupeaux contre les animaux carnaciers : à meſure que les beſoins ont varié, ou ſe ſont multipliés, ces claſſes ont changé, ou ſe ſont multipliées.

Il a fallu néceſſairement quelque puiſſance qui aſſignât à chacun ſa claſſe, & à chaque claſſe ſes fonctions.

Par la loi établie pour la réproduction & pour la multiplication des hommes, cette puiſſance à réfidé naturellement dans le chef de famille : ce pere, ce chef de famille a exercé un empire abfolu, qui n'avoit pour objet que le bonheur de la famille. Voilà la premiere fouveraineté, & le modele fur lequel fe font formées naturellement toutes les fociétés particulieres. Les gouvernements font communément monarchiques dans leur origine. Après la mort du pere de famille ce fut le fils aîné qui gouverna comme plus éclairé, plus inftruit, comme celui que le pere avoit fait dépofitaire de fes deffeins, de fes volontés, de fes lumieres. Au défaut du fils aîné, on choifit le meilleur, le plus éclairé & le plus vertueux : on ne foupçonna pas qu'il pût abufer de fon autorité, on ne fongea pas à prefcrire des bornes à fa puiffance, ou à lui impofer des conditions : on ne voyoit point dans ces temps quel

L 6

besoin le chef de la république
pouvoit avoir de faire du mal :
quel mal pouvoit-on craindre,
d'un pere qui trouvoit son bonheur, dans les soins qu'il donnoit
à sa famille ?

Lorsque les Souverains s'écar-
terent des vertus du pere de famille, on crut que c'étoit par
erreur, ou par ignorance : on se
contenta de les rappeller aux soins
que le pere de famille doit donner au gouvernement de ses enfants.

Le gouvernement Monarchique
est si beau, si conforme à la Nature,
si propre à faire régner la paix &
le bonheur, que les Nations éclairées, vertueuses & sensibles aux
charmes de la tendresse, ne crurent
pas devoir changer cette constitution pour quelques égarements
du Souverain, & c'est ce qui a
rendu le pouvoir absolu des Rois
& des souverains si durable en

Egypte, dans l'Inde, à la Chine.

Chez les Nations dont la vie fut agitée, la nourriture peu abondante, le repos & le loiſir rare, le ſentiment de la tendreſſe & de la bienfaiſance ſe développa moins, on eut pour le Souverain moins d'attachement ; ſon autorité ne fut pas abſolue, il ne fut qu'un chef comme chez les Sauvages de l'Amérique, chez les Germains & chez les Gaulois.

Enfin dans les lieux où l'abus de la puiſſance devint exceſſif & intolérable, elle fut modifiée, ou abſolument éteinte comme dans la Grece, & la puiſſance Souveraine fut exercée, tantôt par la ſociété même, & tantôt par des Magiſtrats à l'autorité deſquels on donna des bornes, des ſurveil-lants, des cenſeurs.

Ainſi les ſociétés particulieres ont pris une infinité de formes dif-férentes ; mais elles ont toutes des

Loix essentielles qui sont les mêmes. Par-tout la puissance Souveraine a les mêmes droits & les mêmes obligations, par-tout les sujets ou les Citoyens ont les mêmes devoirs & les mêmes avantages essentiels.

1.° Les hommes renfermés dans
ces divisions n'ont point changé
de Nature, tous ont les principes
de sociabilité, & leur réunion les
développe successivement.

Tous ces principes de sociabi-
lités tendent à conserver la paix
& à consacrer les forces, les talents, l'industrie de chaque particulier au bonheur général, c'est
vers cet objet, c'est à cette fin que
conduisent tous des besoins de
l'homme, toutes les inclinations,
tous les penchants qu'il a reçus de
la Nature ; ces besoins, ces penchants, ces inclinations sont des
Loix dans tous les lieux, dans tous
des pays, sous tous les climats ;

puifque l'homme les porte par-
tout : c'eſt donc une obligation
naturelle à chaque membre de la
ſociété que de travailler pour le
bonheur général, & c'eſt une vio-
lation de la Loi naturelle que de
ſéparer ſon intérêt perſonnel de
l'intérêt général de la ſociété dont
on eſt membre.

2.° Le bonheur général eſt l'effet du concours de tous les membres de la ſociété. Il faut donc
que dans chaque ſociété particuliere il y ait une autorité qui dirige les forces, les talens, l'induſtrie
des particuliers vers cet objet,
qui régle les contributions & la
nature des contributions que chaque membre doit payer pour procurer le bonheur général; & comme c'eſt pour chaque membre
une obligation naturelle que de
contribuer au bonheur général,
c'eſt auſſi une obligation naturelle
que d'obéir à cette puiſſance, on

ne peut lui être rebelle, ou éluder ses ordres sans violer la Loi naturelle ; les ordres de la puissance civile obligent en conscience.

3.° Cette puissance violeroit également la Loi naturelle, si elle ne faisoit servir les forces, l'industrie, les talents des membres de la société, qu'à son propre bonheur, ou si elle négligeoit d'appliquer ces forces & cette industrie, de la maniere la plus propre à procurer le bonheur général de la société.

4.° Quelle que soit l'origine d'un état, ou d'une société, la puissance qui dirige les actions du Citoyen vers le bonheur général est essentiellement une puissance Souveraine, puisqu'elle réunit & fait agir à son gré les forces de tous les membres de la société. Il est même impossible que la société subsiste, si cette puissance n'est pas Souveraine.

5.° Par ce que nous avons dit

sur la Nature de l'homme, sur ses besoins, sur ses penchants qui le portent à procurer le bonheur général de la société dont il est Citoyen, par ce que nous avons dit sur l'origine & sur la Nature des sociétés, il est clair que toutes les espéces de gouvernements peuvent être légitimes, & que toutes sont bonnes, lorsque les hommes sont dociles aux inspirations de la Nature, parce qu'alors ils emploient toutes leurs forces en faveur du bien général ; mais elles sont toutes mauvaises & funestes au bonheur des hommes lorsqu'ils sortent de la route que la Nature leur a prescrite pour arriver au bonheur ; les mêmes causes qui font que le Despote & le Monarque sont les fléaux de la société, rendent l'Archonte, le Consul, le Dictateur, le Sénateur, le Magistrat, le simple Citoyen, dur, avide, impitoyable, tyrannique. Dans quels états vit-on plus de maux que dans les Républiques de la Gréce, de Rome & de Carthage ?

6.° Une société ne sera donc heureuse qu'autant que le Souverain & tous les membres se renfermeront dans les bornes que la Nature prescrit à leurs besoins, & qu'ils obéiront aux penchants & aux inclinations qu'elle leur donne.

7.° L'éducation publique & domestique doit tendre à développer tous les principes de sociabilité qui sont dans l'homme, & à y étouffer tous les désirs & tous les besoins qui écartent l'homme de la route que la Nature lui prescrit pour arriver au bonheur.

8.° Quelque forme de gouvernement qu'on établisse, ni la société, ni le Souverain, ni les Citoyens ne peuvent être heureux & puissants, par d'autres moyens que par la pratique des vertus so-

ciales : ainſi la vertu n'eſt pas un
reſſort politique qui n'appartien-
ne qu'à la République, ni l'honneur un motif particulier aux Monarchies : l'honneur qui n'exiſte
que dans les Monarchies, & qui
ne ſe trouve pas dans tout état
policé, eſt un faux honneur qui
fait des courtiſans & jamais des
Citoyens (1).

9.° Par l'inſtitution même de

---

(1) Je ne comprends pas bien ce que M. de
Monteſquieu entend par le mot d'honneur,
lorſqu'il dit que ce reſſort eſt particulier à
l'état Monarchique (Eſprit des Loix *l.* 3. *c.* 7).

En effet, cet honneur eſt ou le deſir de ſe
ſignaler par la ſoumiſſion aux Loix, & par
des actions utiles au public, ou c'eſt ſeulement
le deſir de plaire au Monarque.

Dans le premier ſens, ce n'eſt pas un faux
honneur, mais ce n'eſt pas un reſſort qui ſoit
particulier à la Monarchie.

Dans le ſecond ſens, il convient au Deſpo-
tiſme comme à la Monarchie, & il n'a de bons
effets pour le public qu'autant que le Monarque eſt vertueux, & qu'il aime le bien public :
ce n'eſt que dans ce ſens que l'on peut dire,
que l'honneur eſt un principe politique utile;

la société, tous les Citoyens em-
plóient leurs talents, & leur induſtrie pour procurer le bonheur
public, tous doivent donc être
heureux & contents : chacun doit
trouver dans la maſſe du bonheur
commun tout ce qui eſt néceſſaire

---

c'eſt dans ce ſens qu'un Ancien a pris le nom
d'honneur, lorſque, comme M. de Montef-
quieu, il en a fait un reſſort politique de la
Monarchie. » Les dominations & principau-
» tés tyranniques, dit-il, ont un ſeul bien au
» lieu de pluſieurs maux, qui eſt l'honneur &
» la gloire ; s'ils commandent à de grands
» hommes, cela montre qu'ils ſont encore
» plus grands, & s'ils ne viſoient qu'à leur
» ſureté au lieu de l'honnêteté, ils ne devroient
» ſeulement chercher qu'à commander à plu-
» ſieurs monſtres, pluſieurs bœufs & pluſieurs
» chevaux, non pas à pluſieurs hommes. *Plu-*
» *tar. banquet des ſept Sages.*

L'honneur n'étoit chez les Romains que l'eſtime, la réputation, & la gloire qui s'acquiert
par la vertu ; c'étoit pour cela qu'ils avoient
placé le Temple de l'Honneur après celui de la
Vertu ; enſorte qu'on ne pouvoit entrer dans
le Temple du Dieu *Honneur* qu'après avoir
paſſé par le Temple de la Vertu. *Gyraldi, hiſt.*
Deorum. Syntagma I.

pour qu'il soit content de son existence & de son sort.

10.° Nous avons fait voir que
l'estime contribue au bonheur des
hommes, & qu'ils sont malheureux par le mépris; que l'on doit
témoigner de l'estime à l'homme
utile, marquer du mépris ou de
l'indignation à l'homme nuisible
ou inutile. C'est donc une injustice & une inhumanité dans l'homme d'un ordre supérieur que de
mépriser le Citoyen d'un ordre
inférieur qui se rend utile dans la
place qu'il occupe, c'est dans tous
les Citoyens une bassesse que de
respecter le vice de quelque déco-
ration qu'il soit revêtu.

11.° Le mépris ne rend pas
seulement l'homme malheureux,
il l'irrite, il le souléve. Ce n'est
donc pas seulement une injustice,
une inhumanité dans l'homme en
place que de commander avec
mépris, que de traiter avec dureté

& avec une fierté insultante le Citoyen qui lui est subordonné : c'est encore un crime contre l'Etat, puisqu'on lui rend odieuse une autorité qu'on doit lui rendre aimable, parce qu'elle ne peut subsister qu'autant que les Citoyens l'aiment.

La Phénicie étoit soumise & fidelle au Roi de Perse, il en avoit tiré de grands secours d'argent, de vaisseaux & de soldats : les Satrapes & les Officiers de guerre qui résidoient à Sidon, en exposant les volontés du Roi, employoient des termes de mépris & des paroles outrageantes : le peuple s'irrite, forme le dessein de secouer le joug des Perses ; il communique sa haine & sa résolution à toute la Phénicie. Tout s'arme contre le Roi de Perse, on détruit ses Jardins ; on punit de mort les Satrapes & les Officiers insolents : le Roi de Perse attaque Sidon

avec toutes ses forces & avec toutes celles de ses alliés, ses efforts sont
long-temps inutiles, enfin il cor-
rompt le Roi de Sidon, la prise
de la Ville est inévitable : les Si-
doniens ne pouvant résister, brû-
lent leurs vaisseaux, s'enferment
dans leurs maisons avec leurs femmes & leurs enfants, y mettent le
feu, & périssent au nombre de
quarante mille. L'insolence des
Satrapes réduisit ainsi en un tas
de cendres & de pierres une Ville
florissante qui avoit été si utile à
la Perse.

Voilà l'effet naturel & infailli-
ble de l'insolence des Administrateurs de la puissance Souveraine : la colere & la haine des peuples s'accroît insensiblement par
le mépris, par l'orgueil, par la
dureté des hommes chargés de
l'administration ; & ce feu caché
éclate au moment qu'on s'y attend
le moins.

12.° L'égalité de bonheur peut exister avec la différence que la subordination met entre les hommes d'une même société ; car nous avons fait voir que l'homme n'est point naturellement envieux & jaloux, & que la nature attache le bonheur à la pratique des vertus sociales dans quelque état & dans quelque condition que l'homme soit.

13.° Le bonheur général étant l'objet essentiel de la société, il est contraire à l'équité naturelle, & c'est un principe destructif des vertus sociales que d'accorder des distinctions & des récompenses aux qualités & aux talents qui ne contribuent point à rendre les hommes estimables & utiles à la société, c'est dans l'autorité qui les accorde une prévarication, & dans celui qui les sollicite & qui les obtient, un larcin.

14.° Par les Loix de la Nature,
la

La société ne peut être puissante & heureuse qu'autant que la puissance Souveraine sera dans toutes les parties administrée de la manière la plus avantageuse pour le bonheur général. C'est donc un crime que de se déterminer par d'autres vûes que par celles du bien général, dans le choix des personnes que l'on éléve aux dignités, aux magistratures, ou à qui l'on confie des emplois. C'est manquer à un devoir essentiel que d'être chargé de nommer à quelque place que ce soit, & de ne pas la donner au plus digne.

15.° Tout devant tendre au bonheur général de la société, il ne devroit jamais y avoir de dignités sans fonctions, ou s'il y en avoit, elles devroient se donner à l'homme qui s'est rendu utile.

16.° L'estime, l'amitié, la bienfaisance des Citoyens, si nécessaires pour le maintien & pour le

bonheur de la société ayant pou[r]
fondement l'égalité naturelle de[s]
hommes, toute distinction dan[s]
les rangs & dans les conditions
qui rompt cette égalité naturell[e]
est contraire aux principes de l[a]
saine politique. Tels sont peut[-]
être dans les siécles corrompus
les titres héréditaires, la nobless[e]
venale & héréditaire.

17.º La Nature conduit l'hom[-]
me à la paix, à la bienfaisance[,]
aux vertus sociales, par les besoi[ns]
& par les inclinations qu'elle l[ui]
donne, par le plaisir qu'elle atta[-]
che à la bienfaisance & à la vertu[,]
par la douleur & par les peine[s]
qu'elles rend inséparables de l[a]
méchanceté, de la dureté & d[es]
autres vices contraires au bonheu[r]
de la société.

Ces plaisirs, ces peines n'o[nt]
pas toujours assez de pouvoir su[r]
l'homme pour le fixer dans la pr[a]
tique de la vertu, pour le garant[ir]

sûrement & toujours des vices contraires au bonheur de la société : il
faut que la société ajoûte aux récompenses que la Nature attache
à la bienfaisance, aux peines dont
elle punit la méchanceté, ce qui est
nécessaire pour rendre l'homme
constamment vertueux & bienfaisant : il faut donc dans une société
des Loix pour punir & pour récompenser : mais ces Loix ne doivent
punir ou récompenser que les actions que la Nature elle-même punit, ou récompense : la puissance
Législative n'est que le vicaire de
la Nature, si je peux parler ainsi.

Semblable à la Nature, la puissance Législative doit faire ensorte
que jamais une action bienfaisante ne soit sans récompense, ou un
acte de méchanceté sans châtiment.

Indulgente comme la Nature,
la puissance Législative ne doit jamais supposer l'homme méchant ;

& lorſqu'elle ne peut s'empêcher
de condamner ſon action, elle
doit le traiter comme un aveugle
qui s'égare & qui cherche le bonheur hors de la route de la Nature : il faut qu'elle le faſſe rentrer
dans l'ordre ſocial, en ne lui faiſant que le mal néceſſaire pour
qu'il ſente qu'il entroit dans la carriere du malheur.

Mais il faut que la puiſſance
Légiſlatrice inexorable comme la
Nature, ne permette pas qu'un
méchant homme jouiſſe des avantages & des récompenſes due
à la vertu. Il faut que l'homme
qui a ſacrifié la vie, le bonheur
de ſes concitoyens, ſoit traité
comme un tigre & comme un
lion furieux.

Les Loix civiles ne ſont donc
pas des reſtrictions appoſées au
Droit naturel, comme Hobbes le
prétend, elles n'en ſont que l'application ou le développement.

8.° Tous les Citoyens devant observer les Loix de la société, il est absurde que le nombre en soit si grand ou l'application si difficile qu'un homme qui passeroit sa vie à les étudier, ne pût s'assurer de n'y pas contrevenir. Il semble qu'alors les Loix, au lieu d'être les protectrices & les guides des Citoyens, ne soient destinées qu'à les égarer & à produire dans le sein de la société une guerre intestine qui attache chaque Citoyen à ses occupations, & qui absorbe les talens & les facultés d'un nombre prodigieux d'hommes, dont les veilles & les travaux n'aboutissent, qu'à prouver qu'une certaine portion de terre appartient à Pierre & non pas à Jacques.

Les Législateurs les plus sages ont voulu que leurs Loix fussent assez simples pour être apprises & retenues par les hommes les plus groſſiers & c'eſt pour cela que dans l'antiquité la plus reculée, les Loix étoient écrites en vers.

En négligeant, cette ſimplicité, dit la Mothe le Vayer, les tribunaux de Juſtice produiſent des effets touts contraires à leur inſtitution primitive. Il arrive tous les jours au peuple qui s'y adreſſe, comme à la brebis qui ſe mit ſous un buiſſon pour ſe préſerver de la pluye ; elle y trouva le couvert, mais avant que d'en ſortir il lui fallut laiſſer la meilleure partie de ſa toiſon.

Ce fut pour cela, dit le même Auteur, que Ferdinand, ſous qui les Indes Occidentales furent découvertes, y envoyant un Pédarias pour Vice-Roi, lui défendit expreſſément d'y mener aucun de ces Juriſconſultes qu'on nomme *Letrados* en Eſpagne ; & Mathias Corvin fut contraint de chaſſer de toute la Hongrie ceux qu'il avoit

amenés d'Italie, tant ils excitoient
de désordres & de ruines par les
subtilités de leur chicane : ce furent ces désordres qui selon le
même Auteur firent dire à l'un des
Catons qu'on devroit paver de
chausses-trapes toutes les avenues
des tribunaux de Justice (1).

Peut-on concevoir une Législation plus contraire à la saine politique que celle d'une Nation,
où la Justice contentieuse entre-
tiendroit le luxe & le faste d'un
nombre prodigieux d'hommes de
Loi, & les enrichiroit ? Ces hommes destinés par état à faire régner la paix & la concorde entre
les Citoyens ne seroient-ils pas in-
téressés à y perpétuer la haine &
la discorde, à rendre toutes les
fortunes incertaines, & tous les
droits litigieux, à former un sys-

____

(1) La Motte le Vayer, de l'instruction de
M. le Dauphin, *t.* 1. *p.* 52.

M 4

rême de Législation qui liât aux tribunaux de Justice les fortunes, le repos, la tranquillité, l'existence de tous les Citoyens, sous prétexte d'empêcher ou de punir l'injustice.

Une Nation où les tribunaux de Justice auroient acquis cet Empire ne seroit-elle pas en effet une Nation conquise par les Légistes & par les gens de Justice?

19.° Les peines & les récompenses de la société, ne sont pas toujours assez puissantes pour arrêter le crime, ou pour faire pratiquer la vertu; il y a d'ailleurs des actions utiles ou nuisibles que la société ne peut ni récompenser ni punir : la Religion offre une récompense à ces vertus & rend le châtiment du crime inévitable.

Il y a des malheurs dont la société ne peut garantir, des maux qu'elle ne peut soulager, & la Religion les rend supportables, elle en fait une source de bonheur; il n'y a donc point de société qui ne doive avoir une Religion, & la Religion a des rapports essentiels avec la puissance & avec la prospérité des états, avec la sureté publique, & avec le bonheur des particuliers. On ne peut affoiblir dans l'esprit de la nation le respect pour la Religion, sans diminuer ses motifs pour la vertu, ses forces pour résister à l'attrait du vice, à l'impulsion du crime; ses ressources pour supporter avec constance ou même avec satisfaction les calamités, les chagrins & la douleur.

Dans cette multitude d'hommes que renferment les villes, parmi les habitans des campagnes, n'avez-vous jamais rencontré des malheureux, accablés sous l'excès du travail, des infirmités & de la misere? votre cœur sensible & tendre a été déchiré à la vue de leur fort, aucun d'eux ne s'est jamais offert à vos regards sans émouvoir votre ame, sans ressentir les effets de votre bienfaisance : vous aimez, vous respectez ceux qui les soulagent, ceux qui les protégent ; Et bien, la Religion les console & rend leurs douleurs supportables, ou même précieuses, parce qu'elle n'en laisse aucune sans récompense.

Voyez ce Citoyen pauvre, obscur, rebuté de la société, incommode à ses voisins, évité de ses proches, abandonné de tous les hommes : la Religion le met sans cesse sous les yeux de l'être-suprême, elle lui fait voir dans l'être-suprême un pere tendre qui le console de l'insensibilité des hommes, un rémunérateur qui compte ses soupirs & qui leur prépare une récompense infinie.

Vous traitez, & avec raison, comme un barbare & comme un

... le Ministre qui abuse de
... qui fait périr com-
... scélerats, ceux qui résis-
... son autorité, ou qui, sans
... instruits & convaincus refu-
... de le croire, & d'échapper à
... par un parjure.

Mais en ôtant au malheureux,
l'homme accablé d'infirmités,
au malade tourmenté par les douleurs, en ôtant, dis-je, à tous ces
hommes la Religion & ses espérances, ne les faites-vous pas expirer dans la prison, au milieu des
tourments, & dans la douleur?
Sous ses haillons, dans son réduit, au milieu des horreurs de
l'indigence, le malheureux, le
malade étoit en spectacle au ciel;
chaque instant l'approchoit du
bonheur, chaque souffrance étoit
un bien, parce qu'elle étoit un
mérite; l'espérance, le sentiment anticipé des récompenses
éternelles s'unissoit au sentiment

de la douleur & le rendoit supportable, ou même précieux ; il plaignoit les hommes insensibles à ses maux, mais il avoit le plaisir de les aimer. En lui ôtant la Religion & ses espérances vous lui rendez tous les hommes horribles. Sa maison devient un cachot affreux, vous le livrez à toute la vivacité de ses douleurs, il est en proie à tous ses maux, & les connoît dans toute leur étendue ; il les sent sans adoucissement. Voudriez-vous être aussi barbare que l'Inquisiteur ?

Attaquez le fanatisme & la superstition qui sont contraires à la gloire de l'être suprême, & funestes au bonheur des sociétés ; mais avec vos lumieres, avec votre génie, avec un cœur doué de l'humanité la plus tendre, la plus compatissante & la plus généreuse : aimez & respectez une Religion qui enseigne la Morale la plus propre à feconder & à perfectionner tous les principes de l'indulgence, de la douceur, de la bienfaifance & de toutes les vertus fociales; qui veut que tous les hommes fe regardent & s'aiment comme des freres.

CHAPITRE III.

De la fociété que les Nations doivent former entre elles.

UNE fociété particuliere eft un certain nombre d'hommes réunis qui occupent un efpace de terre, dans lequel ils trouvent la fubfiftance & la fureté, foit par les productions & par la fituation du pays, foit par leur travail & par leur induftrie.

Par ce que nous avons dit fur la fociabilité en général, tous les principes de bienfaifance qui naiffent de l'organifation de l'homme, de ses besoins, & du fond de son cœur subsistent dans tous les hommes; quelque climat qu'ils habitent, & sous quelque gouvernement qu'ils vivent. Il y a donc une société naturelle entre toutes les Nations; il y a des Loix qui les unissent, & qu'elles doivent suivre. Ces Loix sont ce que l'on nomme le Droit des gens, c'est-à-dire ce que les différentes Nations, ou les sociétés particulieres se doivent essentiellement, antérieurement à toute convention, & ce qui doit régler les conventions particulieres qu'elles font.

Sans prétendre donner un traité de Droit des gens, nous établirons quelques principes généraux, qui pourront en faciliter l'intelligence, & qui ne font que des conséquences de ce que nous avons dit sur la sociabilité.

1.º La distance des lieux, la différence des climats, ne changent ni l'organisation, ni l'essence de l'homme. Par-tout il a les mêmes besoins, & les mêmes penchants naturels ; par-tout la Nature attache un plaisir égal à l'usage des choses destinées à les satisfaire. Ainsi, dans tous les lieux, & sous tous les climats, la Nature dispense à tous les hommes un bonheur égal.

Toutes les sociétés ont donc un droit naturel & incontestable au terrein qu'elles occupent, & qui leur est nécessaire pour subsister ; aucune autre Nation n'a droit de les en chasser, puisque la Nature n'a pas rendu cette possession nécessaire à son existence & à son bonheur. Voilà l'origine du droit de propriété de chaque Nation par rapport au pays qu'elle occupe.

2.° Par ce que nous avons dit de la société universelle que forment les hommes, les Citoyens de toutes les Nations sont naturellement alliés & freres, toutes les Nations ne doivent se regarder que comme des branches d'une même famille, & les différents cantons qu'ils occupent, comme des partages de freres.

3.° Si une Nation se trouve par quelque calamité dans un besoin extrême, les Nations voisines lui doivent du secours, & si la multiplication des hommes dans une Nation, ne leur permet pas de subsister dans le terrein qu'elle occupe, elle a droit d'envoyer des colonies dans les terreins incultes ou qui ne sont point nécessaires à la subsistance de ceux qui les possédent.

4.° Une Nation qui posséde un terrein qui n'est pas nécessaire à sa subsistance, ni à celle des Nations voisines, & qui par son industrie a tiré de ce terrein, des

productions agréables & superflues, a droit exclusivement à ces
productions, elle est la seule &
vraie propriétaire de ce pays ; tels
sont les terreins qu'elle auroit dé-
frichés, les marais qu'elle auroit
desséchés, les lieux arides qu'elle auroit trouvé l'art d'arroser &
de féconder.

Tous les hommes naissant avec
les mêmes besoins & avec les mêmes inclinations, ils sortent tous
égaux des mains de la Nature ; ils
ont tous un droit égal aux dons
de cette mere commune, tous ses
dons sont communs pour tous les
hommes : mais où elle ne produit
rien, l'homme n'a point de droit à
exercer. Si dans ces lieux stériles,
un homme fait naître des fruits,
ils ne sont plus des biens communs
à tous les hommes, ils sont propres à celui dont l'industrie les a
fait naître : c'est par lui que cette
production existe, ce n'est point

une production de la Nature, les autres n'y ont point un droit naturel, elle appartient à celui qui en est l'auteur.

Ainsi, le droit de propriété d'une Nation ne s'étend point au-delà du terrein nécessaire pour sa subsistance, ou qui n'étant nécessaire ni à sa subsistance, ni à celle des autres Nations est devenu fécond & utile par son industrie.

5.° Par les deux articles précédents, une Nation n'a un droit naturel, & une propriété légitime que par rapport aux choses que la Nature a rendues nécessaires à sa subsistance & à son bonheur, ou aux choses agréables & superflues que son industrie lui procure, & qui ne sont pas nécessaires aux autres hommes. La nécessité fait donc passer la propriété de ces choses superflues, à une Nation qui est dans un besoin extrême. Ce superflu est son bien, la

nécessité est son titre, elle a droit
à ce superflu comme le propriétaire a droit au terrein qui lui est
nécessaire , elle peut s'emparer
de ce superflu aussi légitimement
qu'elle peut chasser l'éléphant &
le cerf qui devastent les campagnes.

Ou plutôt , tous les hommes
étant freres la terre est un hérita-
ge commun, que les Nations ont
partagé pour subsister , chacune
dans le canton qui leur est échu.
Si les productions de leurs possessions ne suffisent pas pour leur
subsistance , les Nations qui sont
dans l'abondance, doivent y sup-
pléer. Ce supplément est une in-
demnité qu'elles doivent , & que
peut exiger la Nation qui est dans
le besoin.

6.° Par ce que nous avons dit
sur le besoin & sur la facilité que
l'homme a de se nourrir, le besoin
extrême qui donne droit aux pos-

fessions des autres Nations, & aux productions de leur terre est extrêmement rare.

7.° Une Nation qui ne se trouve dans le besoin que parce qu'elle néglige de cultiver ses possessions n'a pas droit, même au superflu des autres Nations.

8.° Si l'extrême nécessité autorise la guerre, elle seule peut l'autoriser : la guerre est injuste & contraire au droit naturel toutes les fois qu'elle n'a pas pour objet d'obtenir des choses nécessaires, & tous les hommes doivent regarder comme des ennemis, comme des fléaux du genre humain les puissances ambitieuses qui ont des possessions incultes & qui veulent reculer les bornes de leur Empire & s'emparer des possessions des autres.

9.° C'est la terre qui produit ce qui sert à nourrir l'homme & à le vêtir, ou à lui procurer ce que l'on homme les commodités de la vie: mais toutes ces productions ne naissent pas également dans tous les lieux; les uns produisent abondamment des grains & peu de pâturages, les autres beaucoup de pâturages & peu de grains, & ainsi du reste : l'humanité, le plaisir que l'homme éprouve en procurant le bonheur de ses semblables & en leur communiquant celui dont il jouit, le porte à partager avec ses voisins ce qu'il retire de son terrein, à leur donner ce qui leur manque & qui ne lui est pas nécessaire : par ce moyen il y a sur la terre le plus grand nombre possible d'hommes, parce que chaque terrein produit la plus grande quantité des choses nécessaires pour la nourriture & pour l'entretien de l'homme : chaque Nation qui emploie son industrie à tirer de son terrein, la plus grande quantité des productions auxquel-

les il eſt propre, eſt donc en droit
d'établir un commerce de troc ou
d'échange avec une Nation qui
abonde en productions dont elle
manque, & cette ſeconde Nation
eſt obligée à cet échange.

Le commerce d'échange ou de
troc, a, comme on le voit, ſon origine dans la bienfaiſance & dans
l'amitié naturelle de l'homme pour
ſon ſemblable; il fortifie, il augmente ce ſentiment, il rend la
paix conſtante & ſolide, il tend à
produire ſur la terre un bonheur
égal entre les hommes: il n'y a
donc point de Nation qui ne doive tendre à ſe réduire au commerce de troc & à détruire le commerce d'argent qui n'a pour objet
que le lucre; il eſt également contraire à la paix, à la vraie grandeur
& au bonheur des Etats. « Dans les
» pays où l'on n'eſt affecté que de
» l'eſprit de commerce, dit l'Auteur
» de l'Eſprit des Loix, on trafique

» de toutes les actions humaines &
» de toutes les vertus Morales (1).

10.° Les hommes ont un desir
naturel de l'estime, ils craignent
le mépris & la haine : ils doivent
de l'estime, de l'amitié à tout
homme juste, humain & bienfaisant. Toute Nation qui refuse son
estime & son amitié aux autres
Nations, qui les hait, & qui les
méprise, viole donc le Droit des
gens, elle renferme un principe
d'orgueil, d'inhumanité, de guerre & de destruction.

Le mépris, la haine, l'envie
d'une Nation, anéantit toutes les
relations que la Nature a mises
entre les hommes ; un homme qui
en hait un autre, qui le méprise,
ne le voit plus comme son semblable, comme son frere, comme son
ami, comme son défenseur, il croit
avoir contre lui tous les droits

____

(1) Esprit de Loix, *l.* 20. *c.* 2.

que lui donne la force contre les animaux foibles ou malfaisants : il est donc impossible qu'une Nation qui méprise les autres ne soit pas injuste & inhumaine.

Par une Loi immuable de la Nature, un acte d'injustice & d'inhumanité allume la haine & le desir de la vengeance dans le cœur de celui qui en est l'objet, & de ceux qui en sont les témoins : une Nation qui méprise les autres, souléve donc contre elle tous les peuples, les aigrit, les arme, & devient la victime de ses injustices & de son orgueil.

C'est donc une politique inhumaine & fausse que d'allumer ou d'autoriser cet enthousiasme, ce fanatisme national qui fait regarder les autres Nations avec mépris & avec dédain. Ce fanatisme national peut donner à un peuple une force extraordinaire & produire des succès éclatants & rapides;

des ; jamais il ne procurera une gloire solide, une prospérité durable. Ce même fanatisme qui fait regarder les autres Nations avec mépris & qui les souléve, fait aussi que la Nation fanatique néglige les moyens de résister à la haine des Nations qu'elle méprise. Cette haine s'accroît insensiblement, unit toutes les Nations méprisées, éclate tout-à-coup & dissipe la puissance orgueilleuse qui avoit violé le Droit des gens : tel a été le fort de tous les peuples enorgueillis de leurs forces & de leurs richesses, qui ont méprisé les autres.

11.° Dans l'institution de la Nature, il n'y auroit aucune défiance entre deux Nations voisines, elles seroient amies, & il y auroit même entre elles une confédération naturelle.

Mais si l'on apperçoit dans une Nation le desir & le projet d'une do-

mination univerfelle , tous les états
également puiffants ou plus foibles
feroient ennemis de cette puiffance & pourroient légitimement
former une ligue & entreprendre
la guerre pour mettre cette puiffance hors d'état d'exécuter fon
projet : ainfi les Grecs devoient
réunir leurs forces pour détruire la
puiffance des Perfes auffi-tôt qu'ils
le pourroient : ainfi tous les peuples devoient fe réunir pour détruire Rome & Carthage : ainfi
toutes les puiffances doivent fe
réunir pour détruire les brigands
d'Alger , de Tunis , de Sallé :
ainfi dans tous le temps , toutes les
Nations devront fe liguer contre
une puiffance qui peut commander à beaucoup d'hommes , qui
eft livrée au luxe , & qui n'a ni
commerce , ni mines d'or & d'argent : ainfi tous les peuples doivent fe liguer contre une puiffance qui voudroit jouir exclufive-

ment d'une chose que la Nature
a rendue commune à tous les hommes. Telle seroit une puissance qui
affecteroit l'Empire de la mer &
qui prétendroit y régner.

12.° Si deux Nations prétendent posséder exclusivement un
terrein qui n'est nécessaire, ni pour
leur subsistance, ni pour leur bonheur, & que, leurs droits respectifs
étant obscurs, elles s'arment pour
s'emparer de ce terrein, la guerre
est injuste entre ces deux Nations;
elles doivent terminer leur con-
testation par voie d'accommode-
ment par arbitrage, ou de toute
autre maniere.

13.° Dans la guerre défensive
une Nation a pour objet de repousser un ennemi qui l'attaque dans
ses possessions, dans sa liberté qui
trouble son bonheur ou qui mena-
ce la vie de ses Citoyens.

La guerre même défensive entraîne avec elle presque tous ces

maux, il ne faut se déterminer à la faire qu'après avoir tenté tous les moyens de l'éviter.

14.° Les hommes peuvent nuire sans dessein, & par erreur : il est de l'équité naturelle de ne regarder le mal qu'ils font comme une offense, & comme un acte d'hostilité, qu'autant que l'on est sûr qu'ils l'ont fait dans l'intention de nuire & d'offenser : un homme qui hors même de la société en tueroit un autre, parce qu'il l'auroit heurté, seroit un monstre d'inhumanité, & une Nation est inhumaine & barbare lorsqu'elle fait la guerre sans être sûre que le traitement dont elle se plaint est l'effet d'un dessein formé de l'attaquer & de l'envahir ou de lui enlever ses possessions.

15.° La guerre n'étant qu'un moyen de conserver sa vie, ses biens & sa liberté attaquées, aucune Nation belligérente ne peut

ſans violer les Loix de l'humanité
faire à la Nation ennemie ce qui
n'eſt pas néceſſaire pour ſe procurer l'objet pour lequel elle s'eſt
armée. Un peuple ne doit point
faire à ſon ennemi un mal que
l'ennemi peut lui faire & qui ne
décide point la conteſtation pour
laquelle on s'eſt armé, parce qu'a-
lors ce mal n'a pour objet que le
malheur de l'humanité, ce qui eſt
un crime de Léze-humanité, ſi je
peux parler ainſi : tel eſt par exemple le mal que fait un ennemi en
empoiſonnant les eaux, les aliments, les armes. Par la même raiſon on ne doit jamais ſe permettre contre ſon ennemi, ni perfidie, ni noirceur.

16.° Si dans une guerre défen-
ſive, la Nation attaquée triom-
phe, elle doit prendre toutes les
précautions néceſſaires pour s'aſ-
ſurer que la nation vaincue ne trou-
blera plus la paix : mais on ne doit

jamais se permettre contre elle rien
au-delà. Quand un homme est armé pour nuire c'est un ennemi;
quand il est vaincu & désarmé
c'est un homme à plaindre, &
qu'il faut épargner & consoler à
moins qu'on n'ait à se défendre
contre les Antropophages, comme les hyènes, contre des hommes qui ne connoissent de droit
que la force comme les Flibustiers,
les Algériens, &c. qu'une longue
habitude de la guerre & du pilla-
ge rend incapables de vivre en
paix; il faut peut être les réduire
en servitude jusqu'à ce qu'ils aient
pris des sentiments & des habitudes pacifiques, & rendre à leurs
enfants la liberté.

Hobbes a dit une chose indigne
d'un philosophe & une absurdité,
lorsqu'il a prétendu que le vainqueur pour s'assurer de la jouissance de ses conquêtes pouvoit
légitimement prendre toutes sor-

tes de moyens qu'il jugeroit con-
venables (1).

17.° La guerre qui n'a point
pour objet des choses nécessaires,
étant terminée par des traités, on
doit les observer religieusement,
& toute infraction faite à ces traités est un crime.

18.° L'homme aime nécessairement son existence, sa liberté, son
bonheur, la possession assurée de
tout ce que la Nature a rendu nécessaire à son bonheur : il ne faut
donc point que les traités de paix
dépouillent & privent les vaincus
d'aucun de ces avantages : la guerre subsiste en effet toutes les fois
que le vainqueur prive le vaincu
de quelqu'une des choses que la
Nature a rendues nécessaires au
bonheur de l'homme, parce qu'a-
lors le vainqueur fait une guerre
continuelle au vaincu.

____

(1) De Cive, c. 1. n. 4.

N 4

19.° Le droit de conquête ne change point l'essence & la Nature de l'homme : il ne soustrait point le vainqueur ou le conquérant aux Loix de la Nature, il ne donne point à l'homme le droit de rendre les vaincus malheureux pour procurer son bonheur : le Souverain par conquête est donc obligé par la Loi naturelle de n'employer sa puissance que pour le bonheur général.

20.° Les Romains ne purent donc sans injustice ni subjuguer les peuples étrangers, ni acquérir un pouvoir absolu & illimité sur les pays qu'ils conquirent, ils ne purent l'exercer sans violer les Loix de la Nature.

Mahomet & ses successeurs n'ont pu l'acquérir ce pouvoir absolu & illimité, sur les peuples qu'ils ont soumis. Aucun des conquérants qui ont envahi l'Empire Romain n'a pu l'acquérir ou le

tranſmettre : le Droit de la Nature contre lequel rien ne peut preſ-
crire, reclame ſans ceſſe contre
leurs uſurpations, ils ſont en effet
en guerre avec tout ce qui eſt ſoumis à leur pouvoir.

Quelques révolutions que l'Europe ait éprouvées, il n'y a donc
de gouvernement légitime que
celui qui tient les hommes dans
l'ordre que la Nature a preſcrit
pour la formation & pour le maintien des ſociétés; telle eſt la conſ-
titution du gouvernement de France, d'Angleterre, de Suiſſe, de
Suéde, &c.

21.° Toutes les Nations de
l'Europe ſont aujourd'hui unies
par des traités de paix, qui fixent
leurs droits & leurs limites. Elles
ont toutes dans les contrées qu'elles habitent, ce qui eſt néceſſaire
pour exiſter & pour être heureuſes.
Elles ſont toutes éclairées, elles
ſont toutes en état de ſe défendre

& de se secourir contre un oppresseur commun. Il n'en est point
qui n'ait des contrées incultes que
l'industrie peut rendre fertiles ; il
n'y a donc aucun sujet naturel &
nécessaire de guerre entre les Nations de l'Europe ; elles forment
une confédération naturelle ; &
par la Loi de l'humanité toutes
leurs contestations devroient se
terminer par voie d'arbitrage, par
le jugement d'un Tribunal formé
par différents Souverains.

22.° Nous avons vu que la division des hommes en différentes
sociétés ne change rien dans leur
constitution naturelle, dans leurs
besoins & dans leurs inclinations.
Cette division ne les dispense par
conséquent, d'aucune des obligations que la Nature impose à
l'homme pour son semblable. Toutes les Nations voisines doivent
donc s'intéresser à faire régner la
paix entre elles. Il y a donc une

confédération naturelle entre toutes les Nations, contre une Nation injuſte, & elles doivent par
le droit naturel, employer toutes
leurs forces pour empêcher la
guerre. C'eſt donc de la part de
toutes les Nations, une obligation, d'établir un Tribunal qui
décide les conteſtations qui s'élevent entre les Nations voiſines,
& de s'armer contre la Nation
réfractaire à ce jugement, comme contre un ennemi de l'humanité.

En un mot, les Nations ſe
doivent réciproquement tout ce
qu'un homme doit à un autre
homme.

CHAPITRE IV.

De l'obéissance que l'homme doit aux Loix de la société.

LA société est une assemblée d'hommes qui consacrent leurs forces & leurs talents pour procurer réciproquement leur bonheur, & qui choisissent les moyens les plus propres pour conduire à cette fin, toutes leurs actions; & pour empêcher celles qui lui sont contraires.

C'est d'après ces vues & ces moyens que se forment les mœurs, les usages, la conduite de tous les Citoyens; en un mot le systême & l'harmonie politique qui doit produire le bonheur des Citoyens, & leur faire pratiquer les vertus sociales.

Ces moyens sont donc en effet

des regles & des Loix pour tous les Citoyens, & ces Loix font telles qu'on ne peut les enfreindre fans rompre la chaîne qui lie les actions des particuliers avec le bonheur général, fans troubler l'ordre felon lequel les Citoyens doivent exercer les vertus fociales; en un mot fans déranger le fyftême politique, qui doit produire entre les Citoyens des actes d'humanité, de bienfaifance & de juftice, leur procurer les fecours qu'ils attendent de la focié-té, & les faire jouir des avantages qu'elle leur accorde. On ne peut donc tranfgreffer ces Loix fans violer la Loi naturelle, dont elles ne font qu'une application parti-culiere. On doit les refpecter comme des ordres émanés de la Di-vinité.

Ainfi, perfonne dans une focié-té n'eft en droit de fe difpenfer d'obéir aux Loix, lors même qu'en

obéissant on souffre injustement ;
parce qu'on ne pourroit se souf-
traire à cette injustice sans ouvrir
la porte à mille vexations qui dé-
soleroient la société, & par conséquent sans préférer son bonheur
momentané au bonheur général,
sans sacrifier à une satisfaction pas-
sagere la tranquillité & la félicité
publique.

Le Citoyen est alors obligé de
mourir pour la conservation de la
Loi, comme il seroit obligé de
défendre aux dépens de sa vie,
un poste qu'on lui auroit confié,
& dont la perte entraîneroit la
ruine de la patrie. Il trouve dans
sa conscience une consolation
plus grande que l'injustice qu'il
éprouve, il voit qu'en périssant il
épargne mille maux à sa patrie,
il jouit de tout le bonheur qu'il
procure par sa résignation aux
Loix.

Il voit au-dessus de lui, un maître, un juge, un rénumérateur du sacrifice qu'il fait à la société, & de son zéle pour remplir les obligations que ce maître suprême impose à tous les hommes.

Ainsi, Socrate se refusa constamment aux sollicitations de ses Disciples, qui vouloient le tirer de sa prison, & l'arracher à la fureur de ses ennemis. Il ne regardoit pas comme un bien de conserver sa vie en donnant l'exemple de la désobéissance aux Loix.

Ainsi, après la victoire que les Athéniens remporterent aux Arginuses, les Généraux furent cités devant le peuple pour avoir négligé la sépulture des morts : excepté deux tous comparurent & furent condamnés à la mort & à la publication de leurs biens ; tous subirent le jugement sans qu'aucun reprochât aux Athéniens leur injustice, parce qu'ils craignoient d'affoiblir le respect pour le Tri-

bunal qui les avoit condamnés,
& pendant qu'on se préparoit à
l'exécution » Dioménon l'un des
» condamnés s'avança au milieu
» de l'assemblée (c'étoit un hom-
» me expert dans la guerre , &
» distingué par son équité & par
» toutes sortes de vertus) : quand
» on eut fait silence , il dit : Athé-
» niens , je souhaite que l'arrêt que
» vous ayez prononcé contre nous
» tourne à votre avantage. Mais
» puisque la fortune nous empê-
» che de rendre nous-mêmes aux
» Dieux, les actions de graces que
» nous leurs devons pour la victoi-
» re que nous ayons remportée ,
» il est juste que vous vous en char-
» giez. Ne manquez pas de vous
» acquitter de ce devoir envers
» Jupiter Sauveur , le Dieu Apol-
» lon, & les Augustes Déesses , car
» c'est un vœu auquel nous nous
» sommes engagés avant la batail-
» le. Dioménon ayant ainsi parlé

» fut conduit au lieu du supplice,
» laiſſant à tous les honnêtes Ci-
» toyens un grand ſujet de régrets
» & de larmes, ſur ce qu'ayant à
» ſubir une mort injuſte, il n'avoit
» fait aucune mention de ſes in-
» térêts (1).

Lorſque les hommes forment
une ſociété, ils s'engagent à procurer le bonheur général, même
aux depens de leur vie, s'il eſt

» (1) Les onze Magiſtrats créés par les Loix,
» pour connoître des matieres criminelles, dit
» Diodore de Sicile, firent mourir aïnſi des
» hommes, qui, au lieu d'être coupables con-
» tre leur patrie, venoient de remporter la
» plus grande victoire navale, entre des Grecs,
» dont on ait jamais parlé; qui s'étoient com-
» portés en braves gens en pluſieurs autres ren-
» contres, & qui avoient dreſſé pluſieurs tro-
» phées à l'honneur de la République. Mais
» ce malheureux peuple étoit alors dans un
» accès de phréneſie allumé par ſes haran-
» gueurs. Les harangueurs & les harangués
» eurent bientôt lieu de ſe repantir de leur ex-
» travagance barbare, & ils en furent châtiés,
» non par un tyran, mais par trente. Callixène
» qui avoit propoſé l'avis de la mort, fut le

nécessaire : il n'y a donc point de Citoyen qui ne doive sa vie, si en la conservant il met la société en danger de périr, ou d'éprouver de grands malheurs, & c'est sur cette convention essentielle dans toute société, qu'est fondé le droit de vie & de mort que la société a sur tous les Citoyens pour procurer le bonheur général.

Le Droit nécessaire à la conser-

» premier objet du ressentiment du peuple ; il » fut appellé en jugement comme ayant trom- » pé ses auditeurs ; & sans qu'on daignât l'en- » tendre, il fut saisi & mis en prison. Diod. » *l.* 13.

Voilà quelle étoit la justice & la raison de ce peuple livré au luxe, rempli d'artistes habiles en tout genre ; passionné pour les spectacles, avide de nouveauté, railleur, plaisant, fécond en saillies. Un déclamateur, un sophiste, avec une tournure élégante, avec un trait d'imagination, dont les hommes médiocres ne sont jamais dépourvus ; faisoit commettre à ce peuple, d'ailleurs humain, doux & poli, les plus horribles injustices ; & ce peuple, le jouet des sophistes les plus médiocres, se croyoit un peuple de Philosophes.

vation de la société, est ratifié
par la Divinité qui a tout ordonné, pour que les hommes vécuf-
fent en société. Ainfi, la foumiffion aux Loix eft un devoir de
religion, & le Citoyen religieux,
lors même qu'il eft injuftement
condamné, fouffre avec réfigna-
tion & fans murmurer, parce qu'il
fait que la foumiffion a un juge,
& qu'elle aura une récompenfe.

Si vous ôtez ce juge, ce rémunérateur, ce légiflateur primitif,
vous ôtez le plus ferme appui des
Loix, & aux Citoyens le plus puiffant motif de la foumiffion aux
Loix & au Magiftrat.

Toutes les fociétés font donc
en effet des Théocraties, non parce que l'Etre fuprême infpire &
dicte les Loix, mais parce que
voulant que les hommes vivent
en fociété, il veut que les Loix
qui lui fervent d'appui, foient
obfervées.

Tous les peuples qui ont con-nu l'Etre suprême, ont cru que les Loix civiles étoient sous sa protection, qu'il puniffoit ceux qui les tranfgreffoient, & qu'il récompenfoit ceux qui les obfer-voient. Les Nations qui n'ont pas eu le bonheur de connoître l'Etre suprême ont mis chaque vertu fociale sous la protection d'une Di-vinité qu'on invoquoit pour ob-tenir cette vertu. Toutes ont affi-gné à chaque vice une Divinité vengereffe qui pourfuivoit l'hom-me, le Citoyen qui s'y abandon-noit.

Qu'il me foit permis de rappel-ler ce que j'ai dit jufqu'ici fur la fociabilité. L'homme naît avec une organifation, des befoins, des inclinations qui lui rendent la fo-ciété néceffaire. Son organifation, fes befoins, fes inclinations le por-tent à procurer le bonheur des hommes, auxquels il eft uni. En

réfléchissant sur son origine , &
sur celle du monde , il voit que
le monde est l'ouvrage d'une intelligence suprême , qui a tout
créé, tout ordonné , tout arrangé avec sagesse. Il se voit sans
cesse sous les yeux de cette intelligence juste & bienfaisante. Ce
n'est plus la crainte des hommes
qui le soumet aux Loix, c'est l'a-
mour & la crainte de l'Etre suprême. Il observe les Loix , lors même qu'elles sont contraires à ses intérêts civils. Convaincu que l'Etre
suprême connoît & punit tout ce
qui trouble l'ordre & le bonheur
de la société, il résiste à l'impé-
tuosité des passions, ou s'il céde,
l'idée de l'Etre suprême dont il a
allumé le courroux, le fait bien-tôt
rentrer dans la route de la vertu.

Telles sont les vûes, tels sont les
sentiments qui naissent dans l'ame
d'un homme aux yeux duquel la
saine philosophie a fait disparoî-

tre la chimère du hafard, & le monftre de la fatalité ; qui eft perfuadé qu'une intelligence toute puiffante a créé le monde, formé tous les êtres & l'homme pour une fin ; qui a impofé à l'homme la loi de l'aimer au deffus de toutes chofes, & d'aimer les autres hommes comme lui-même. Car nous avons vu que les befoins de l'homme, fon organifation, fes inclinations, le conduifent à cet amour de fon prochain.

Dans l'examen que j'ai fait de l'homme, je n'ai rien fuppofé : les caufes finales n'ont point dirigé mes recherches, je n'ai admis que ce que j'ai vu attaché à la Nature humaine, ce que l'expérience découvre daus tous les hommes de tous les fiécles, de tous les pays, ce que tout le monde peut reconnoître en rentrant en lui-même.

Je peux donc conclure que l'homme eft fociable & que tous

les hommes sont destinés à former sur la terre une société dont la bienfaisance, la tendresse, la reconnoissance, la conscience, l'honneur, la religion, la paix & le bonheur sont les Loix & la fin.

On ne doit donc pas à l'homme qui sacrifie le bonheur des autres à son plaisir, cette molle indulgence qu'on voudroit nous inspirer, en le représentant abandonné par la Nature à l'empire des sens & entraîné par son intérêt personnel, puisque l'intérêt personnel n'est opposé au bonheur général que dans les hommes qui ont étouffé dans leur cœur toutes les inspirations de la Nature, tous les remords de la conscience, tous les avertissements de la raison.

On leur doit sans doute de l'indulgence puisqu'ils sont en effet malheureux, ou dans la route qui conduit au malheur; mais c'est en leur rendant le vice odieux qu'on

doit l'exercer, & non pas en l'excusant ou en palliant leurs torts.

Sommes nous dans un siécle,
dans une Nation où la vertu scru-
puleuse & délicate ait besoin d'ê-
tre consolée des fautes qui échap-
pent à sa vigilance & à son attention, où il faille rassurer les ames
timorées, contre la crainte d'avoir
nui aux autres par imprudence, ou
omis de faire un bien qui pouvoit
se faire? Nos Loix sont elles écrites avec du sang comme celles de
Dracon? Ou leur exécution est-
elle si rigoureuse qu'il soit nécessaire de tromper ou d'attendrir
l'inexorable sévérité de ceux qui
veillent au maintien de l'ordre &
qui jugent les coupables?

Sçait-on si en excusant le méchant toutes les fois qu'il cherche
son bonheur, on ne l'a pas enhardi
à commettre un crime, qui le re-
voltoit, étouffé un remords qui auroit rendu le vicieux à la vertu?

Apprenons

Apprenons donc au méchant combien il est coupable & faisons lui connoître qu'il ne peut être heureux qu'en pratiquant les vertus sociales dont la Nature a déposé tous les principes dans son cœur.

CHAPITRE V.

Les désordres & les crimes qui ont désolé les sociétés, ne peuvent, ni rendre douteuse l'existence des principes de sociabilité dans l'homme, ni autoriser à le juger naturellement féroce & méchant.

SI les hommes sont naturellement si humains, & si bienfaisants, pourquoi, dit-on, la guerre s'est elle allumée sur la terre, pourquoi y est-elle si ancienne & si générale?

Si l'homme naît avec l'amour

Tome II.   O

de ſes ſemblables, avec de l'averſion pour le mal, pourquoi voiton des peuples Antropophages? comment a-t-on vu les Rois de Babylone tuer leurs courtiſans parce qu'ils avoient montré plus d'adreſſe qu'eux dans la chaſſe? Cambyſe auroit-il percé le cœur du fils de ſon Echanſon, pour faire voir que le vin ne lui ôtoit ni l'adreſſe ni la raiſon? Comment depuis Auguſte les Empereurs Romains ontils verſé tant de ſang humain, commis tant de cruautés, qui ſouvent n'avoient pour objet que d'offrir un ſpectacle à la barbarie?

Les excès des Barbares qui ont anéanti l'Empire Romain, égalent les cruautés des Rois de l'Orient & des Empereurs.

Depuis que ces Barbares ont partagé l'Empire de Rome, le feu de la guerre s'eſt-il éteint? N'at-on pas vu les Souverains & les peuples occupés à étendre ou à

conferver leurs prérogatives au
dedans & au dehors ? Ne les a-t-on
pas vu facrifier à leur vengeance
particuliere le repos & la vie de
leurs fujets & de leurs concitoyens ?

N'y a-t-il pas dans tous les états
une efpéce de guerre inteftine ?
Les hommes d'une même Nation,
du même état, de la même profeffion ne fe haïffent-ils pas ? Ne
font-ils pas jaloux des richeffes,
de la réputation, des fuccès de
leurs pareils ? Y a-t-il une fociété
où le bonheur du foible ne foit pas
facrifié aux plaifirs, aux fantaifies
du puiffant ? Ne voit-on pas par-tout
une infenfibilité barbare dans les
Souverains, dans les grands, dans
les riches pour le foible, pour le
malheureux, pour l'indigent ? Qui
de ces hommes voit dans l'homme opprimé fon frere, fon femblable, un être deftiné comme lui
à être heureux, & au bonheur duquel il eft obligé de s'intéreffer ?

O 2

Je demande à ceux qui propo-
sent ces difficultés, comment la
peinture qu'ils font du crime & du
vice, ne leur fait pas juger que le
crime est dans l'homme l'effet d'un
désordre contraire à sa Nature,
& non pas la suite d'un penchant
naturel ? Qu'ils rentrent en eux-
mêmes, qu'ils consultent leur conscience, qu'ils interrogent leur
cœur, & qu'ils me disent s'ils y
trouvent le germe, le principe des
barbaries & des cruautés qui leur
font juger que l'homme est naturellement & essentiellement méchant ?

Je leur demande si le systême
qu'ils se sont fait sur la perversité
de la Nature humaine, les empêche de fremir à la vûe d'un meur-
tre, au récit d'une action barbare ?

Je leur demande s'ils connoif-
sent des méchants qui aient commis de sang froid & sans rémords
les premiers & les seconds crimes ?

Sur tous ces points je suis bien sûr que personne ne répondra affirmativement, & je n'en veux pas davantage pour faire voir avec combien peu de fondement on assure que l'homme est porté au crime & à la méchanceté, par un penchant naturel & invincible.

Vous demandez pourquoi la haine, la discorde & le crime régnent dans tous les temps sur la terre, pourquoi le vice & la méchanceté ont infecté tous les états?

Qu'il me soit permis de vous demander pourquoi dans l'étude que vous avez faite de l'histoire du genre humain, vous n'avez vu que des vices & des crimes?

L'Egypte, l'Inde, la Chine, tous les Pays & tous les siécles n'offrent-ils pas des vertus civiles & domestiques; des Souverains qui se sont dévoués pour leurs sujets, des Citoyens qui se sont dévoués pour leur patrie?

O 3

Sur ce même trône où se sont assis les Tiberes, les Nerons, les Caligula, n'a-t-on pas vû des Titus, des Trajan, des Antonins, des Alexandre Sévére ? Avez vous lu froidement & sans intérêt leur histoire ? Avez vous vu sans indignation & sans un sentiment de colére, le récit des crimes des premiers ? La bonté, les vertus de Tite, de Trajan, d'Alexandre Sévére n'ont-elles pas rempli votre ame d'une admiration tendre ? N'avez vous pas senti le desir de les imiter ? n'ont-elles pas allumé dans votre cœur un enthousiasme qui vous a fait juger que vous étiez capables de les imiter ? n'avez vous pas été revolté par l'ambition & par l'inhumanité de Denis & de tous les Tyrans ? par les horreurs de Marius & de Sylla ? Leurs succès n'ont - ils pas agité votre ame ? Les malheurs de Socrate d'Aristides, de Phocion, n'ont-ils pas affecté profondément votre cœur ?

Comment donc en lisant l'histoire avez vous pensé que l'homme étoit né pour le crime & pour la méchanceté ?

Vous vous êtes exagéré l'empire & l'étendue du crime & de la méchanceté sur la terre ? Si vous comptiez les actions des hommes, vous trouveriez infiniment plus d'actes de bonté, d'humanité, que de traits de barbarie & de méchanceté.

Ce fut la colere d'Alexandre seul qui détruisit Thebes ; mais lorsque Cassandre proposa de la rebâtir, & d'y rappeller les Thébains errants & dispersés, toute la Gréce s'empressa de contribuer à l'exécution de ce projet ; les Athéniens rebâtirent à leurs frais la plus grande partie des murailles ; d'autres y firent bâtir des maisons ; d'autres enfin leur firent tenir de l'argent pour leurs befoins, & ils en reçurent non feulement de la Gréce, mais encore de la Sicile & de l'Italie : ce fut par cette multitude de fecours, dont les auteurs font inconnus, que les Thebains recouvrerent leur patrie.

Le vice & le crime occupent fans doute dans l'hiftoire plus de place que la vertu : les vices & les crimes qui défolent les fociétés, marchent avec éclat, répandent la terreur, & laiffent des effets qui en perpétuent la mémoire, tandis que la bienfaifance & les vertus fociales travaillent en fecret & fans oftentation au foulagement des malheureux, au bonheur des hommes. L'hiftoire nous a-t-elle dit tous les actes de bonté de Tite, de Trajan, d'Alexandre Severe ?

Nous avons des Tribunaux qui recherchent & qui pourfuivent les criminels, qui manifeftent & qui puniffent les crimes, y en a-t-il pour rechercher les actes de bienfaisance & de vertu ? Les hommes vertueux & bienfaisants, publient-ils leurs bienfaits & leurs vertus, demandent-ils qu'on les loue, ou qu'on les récompense ? Ce n'est donc qu'aux yeux de l'homme superficiel que le crime & le vice dominent sur la terre & que les hommes sont essentiellement féroces & méchants.

Ne nous bornons pas à ces considérations générales, remontons jusqu'à l'origine des désordres qui servent de prétexte au sentiment que nous combattons.

Le besoin de se nourrir est une des premieres causes qui aient allumé la guerre parmi les hommes : ils se sont armés, ou pour obtenir des aliments qui leur manquoient, ou pour défendre ceux qu'ils avoient. L'ignorance de l'agriculture, une longue stérilité, ont pu rendre cette guerre durable ; une

Nation vaincue & poursuivie par les Nations plus fortes, chassée de ses possessions, n'a plus attendu rien de leur humanité, elle a regardé tous les hommes comme ses ennemis, elle les a traités comme des bêtes féroces : réfugiée dans des lieux stériles, elle a été obligée comme les animaux carnaciers, de vivre de la chasse ; elle a regardé comme sa proie les hommes & tous les animaux. Peut-on dire que cette cruauté soit un penchant naturel ?

Les Nations qui ont possédé des contrées fertiles, ont eu des Citoyens armés, pour les défendre contre l'invasion des étrangers, pour garantir leurs troupeaux des attaques des animaux carnaciers, & pour écarter les animaux pâturants qui devastoient leurs campagnes.

Lorsque les hommes ont été partagés en deux ordres, dont

l'un toujours armé, affrontoit les
périls, & bravoit la mort; tandis
que l'autre occupé de la culture
de la terre, & des soins domestiques vivoit sans inquiétude, &
n'acquéroit point de courage; les
hommes armés, se sont insensiblement regardés comme des hommes d'un ordre naturellement supérieur; ils ont méprisé tout ce
qui n'étoit pas guerrier : les principes de sociabilité se sont altérés,
ils sont devenus les tyrans de ceux
dont ils étoient les protecteurs &
les freres.

Le luxe marche toujours à la
suite de l'orgueil & de l'oisiveté
militaire; les guerriers désœuvrés,
forts, robustes, ignorants, ont eu
recours au luxe, comme à un
moyen de satisfaire le désir du
bonheur qui presse tous les hommes, lorsque leurs besoins physi-
ques sont satisfaits; le luxe conduit à l'amour des richesses. Les

guerriers pour avoir de l'argent
ont pillé les étrangers & leurs concitoyens. L'oisiveté, la dissipation
excessive, les plaisirs, la volupté
produisent dans l'organisation des
dérangements qui rendent les
hommes malfaisants. Le peuple
toujours malheureux sous l'empire des guerriers, & dans les états
où regne le luxe, hait tout ce qui
est puissant.

Il s'est donc formé dans les
sociétés des principes contraires
au principe de sociabilité. Les
hommes se sont fait des besoins &
des goûts différents des besoins &
des inclinations qu'ils avoient reçues de la Nature. Au lieu de chercher à procurer réciproquement
leur bonheur, les forts ont opprimé
les foibles, & les foibles sont devenus les ennemis des forts.

La devastation des pais soumis
aux guerriers, a fait sentir la nécessité de les contenir ; on a fait

des Loix, pour protéger les foibles
contre les oppresseurs : ces Loix
ont décerné des peines, mais elles
ont laissé subsister ces deux ordres
d'hommes armés, & d'hommes
qui ne l'étoient pas ; elles n'ont
point changé les idées des hommes armés par rapport à la supériorité naturelle qu'ils croyoient
avoir sur les autres hommes.

Les Loix civiles ou criminelles
ont laissé les guerriers & les hommes puissants avec leurs préjugés,
dans leur oisiveté, & par conséquent avec tous les principes de
mépris, de haine & de guerre
contre les autres hommes.

On conçoit sans peine que le
mélange des besoins & des inclinations que l'homme reçoit de la
Nature, avec les besoins, les inclinations, les idées, les préjugés
que la société lui communique,
doivent produire un mélange de
justice & d'injustice, une alterna-

tive de bienfaisance & de méchanceté, dans les hommes qui se conduisent par habitude & par routi-
ne, qui agissent sans réfléxion &
qui n'ont point de principes sur
la Morale. Ils ne délibèrent point,
ils ne font point usage de leur
raison & de leur liberté, ils sont
mus & déterminés par les apparences ou par l'habitude. La justice ou l'injustice, la bienfaisance
ou la méchanceté, dominent dans
ces hommes selon que leur éducation a développé ou fortifié les
principes de sociabilité que l'homme reçoit de la Nature, ou selon
qu'elle leur a communiqué les
passions, les besoins & les goûts
de la société dans laquelle ils vivent, selon que cette société est
plus ou moins corrompue.

Les hommes sont entre les principes de sociabilité qu'ils reçoivent de la Nature, & les inclinations qui leur sont communiquées

par l'éducation, & par la société, comme un corps entre des forces qui le portent vers des côtés différens. Ce corps ne suit point la route qu'il suivroit s'il n'étoit pouffé que par une seule force, il satisfait à chacune de ces forces, & marche, pour ainsi dire, entre elles.

Mais il obéit davantage à la plus grande. Ainsi, par exemple, si ce corps est poussé par deux forces dont l'une agisse horisontalement, & l'autre perpendiculairement la ligne qu'il décrira ne sera ni parallèle à l'horison, ni perpendiculaire, & cette ligne approchera d'autant plus de la ligne horisontale que la force horisontale sera plus grande, & la force perpendiculaire plus petite. L'action uniforme des ces deux forces fait décrire une ligne droite au corps qu'elles meuvent, & il décrit une ligne courbe, si ces deux

forces varient, il s'approche successivement de la direction de l'u-
ne ou de l'autre, selon que l'une
ou l'autre devient plus forte.

Voilà l'image d'une grande partie des hommes depuis qu'ils se
sont fait des besoins & des inclinations différentes, des besoins &
des inclinations qu'ils reçoivent
de la Nature. Ils obéissent & satis-
font, pour ainsi dire, à tous ces
besoins & à toutes ces inclinations,
& sont bons ou méchants selon le
dégré de force de ces besoins ou
de ces inclinations.

Ainsi, lorsque pour subsister,
l'homme est assujetti à des travaux pénibles & continuels, qui
épuisent ses forces; le besoin de
se nourrir & de se procurer le
moyen de faire cesser le sentiment pénible de l'épuisement, est
le besoin dominant dans cet homme. Le desir de se procurer par
ses travaux, un gain sans lequel

il ne peut subsister, & qui l'empêche d'être malheureux, sera plus
puissant que tous les autres besoins, que toutes les inclinations
naturelles. Il haïra comme un ennemi quiconque le privera de ce
gain, quiconque augmentera ses
travaux ou diminuera ses profits.
De-là les querelles continuelles
de ces hommes entr'eux, pour
s'emparer du travail ; de-là leur
soulevement contre la puissance
civile, soit qu'elle leur commande des travaux gratuits, soit
qu'elle augmente le prix des choses nécessaires à leur subsistance :
de-là les vengeances cruelles que
ces hommes exercent sur les hommes qu'ils soupçonnent d'être les
auteurs des impositions. Ils les
envisagent comme des tigres, ou,
comme des lions.

Lorsque ce même homme voit
que par le moyen de son travail,
il peut subsister, & n'être pas mal-

heureux, il est soumis à la puissance qui le gouverne, reconnoissant envers elle. Lorsqu'il a gagné ce qui est nécessaire pour sa subsistance, il est humain, secourable & même bienfaisant envers ses pareils, envers tous les hommes.

L'homme riche qui commande à l'artisan, au manouvrier, ne craint point de manquer des choses nécessaires pour se nourrir, mais l'homme qui ne manque de rien de ce qui est nécessaire à la vie, a besoin d'être heureux, & c'est dans les plaisirs, dans les spectacles, dans la dissipation, dans les objets du luxe qu'il cherche le bonheur : ce besoin prend sur son cœur tout l'empire que le besoin de se nourrir exerce sur l'artisan, sur le manouvrier, sur le porte-faix pauvre & nécessiteux.

Si l'homme qui ne craint point

de manquer des chofes néceſſaires
à la ſubſiſtance, au lieu de chercher le bonheur dans les objets
du luxe, le cherche dans l'ambition, dans le crédit, dans les dignités, dans la célébrité ; le deſir
du crédit, des dignités, de la
gloire & de la célébrité prendra
ſur ſon cœur l'empire que le beſoin de ſe nourrir exerce ſur l'artiſan pauvre, tout l'empire que
l'amour du luxe a ſur l'homme qui
le regarde comme le principe de
ſon bonheur.

Les hommes livrés au luxe, à
l'ambition, ont donc entre eux
toutes les haines, toutes les inimi-
tiés, toutes les jalouſies qui divi-
ſent les artiſans & les ouvriers avi-
des & néceſſiteux. Chez les hommes livrés au luxe & à l'ambition,
les inclinations ſociales ſeront ſu-
bordonnées au deſir de l'argent,
du crédit & des dignités, comme
elles le ſont dans l'artiſan & dans

le manouvrier, au defir du gain néceffaire pour le faire fubfifter, & pour lui procurer des liqueurs enivrantes fans lefquelles il eft malheureux.

Toutes les fois que ces hommes ne feront animés ni par l'ambition, ni par l'amour des richeffes, & du luxe, ils feront juftes, bienfaifants. Ils font donc tous naturellement juftes & bienfaifants, car s'ils étoient naturellement injuftes & malfaifants, ils le feroient par le feul plaifir qu'ils trouveroient dans l'injuftice & dans la méchanceté.

Lors même que ces hommes agiffent pour fatisfaire l'amour du luxe, de l'argent ou du crédit, ils feront plus ou moins juftes ou bienfaifants, felon que l'éducation ou d'autres caufes auront développé & fortifié en eux les vertus fociales, & en auront rendu la pratique plus ou moins utile, plus ou moins nécessaire à leur bonheur.

Il est tel homme que sa condition, son éducation, différentes circonstances, engagent dans la carriere de la fortune ou de l'ambition, & dans lequel l'éducation, un heureux naturel, ses réfléxions ou ses efforts ont rendu la puissance des vertus sociales supérieure au desir d'acquérir des richesses, des dignités, ou du pouvoir, supérieure à l'amour du luxe. Ces hommes sont communément justes, humains, bienfaisants; le crédit, la fortune dont ils jouissent, le luxe lorsqu'ils se le permettent, ne sont que des moyens d'exercer les vertus sociales; c'est dans l'exercice de ces vertus qu'ils font consister leur bonheur, jamais ils ne les sacrifient au desir du crédit, de la fortune ou du luxe.

Mais ces hommes heureux par les vertus sociales, sont les moins actifs, les moins empressés pour

obtenir des charges & des dignités, ils font incapables de fe les
procurer par la baſſeſſe, par l'intrigue, aux dépens de leur honneur, ou de la juſtice.

Au contraire, ceux en qui les
vertus ſociales n'ont été ni dévelop-
pées, ni fortifiées par l'éducation,
qui n'ont point l'habitude d'être
heureux par la pratique de ces
vertus, font les plus ardents pour
acquérir des dignités, des honneurs, des richeſſes : ils font moins
difficiles fur le choix des moyens
qui les procurent : ainſi dans une
Nation où l'amour des richeſſes
& du crédit régnent, les places
qui conduiſent à la fortune, les
dignités, les honneurs ne font pas
le partage des hommes en qui les
vertus ſociales font les inclinations
dominantes : l'autorité doit paſſer
inſenſiblement à des hommes qui
ne font pas heureux principalement par la pratique des vertus

sociales ; ainsi dans presque tous les hommes en place , les vertus sociales sont subordonnées au desir du crédit & des richesses.

Les hommes riches , puissants, constitués en dignités , agissent donc presque toujours pour acquérir des richesses , des dignités & du crédit : si pour réussir dans leurs entreprises, ils n'ont que des moyens contraires à l'honneur, à la justice & à l'humanité , ils seront portés vers ces moyens par une force supérieure à celle des inclinations sociales ; ils agiront comme s'ils n'avoient aucun égard au bonheur des autres ; la force des vertus sociales dans cette occasion sera nulle , ou insensible : ces hommes ne seront donc justes & bienfaisants que dans les choses peu utiles pour eux, c'est-à-dire dans des affaires ignorées du public ; ils paroîtront toujours agir pour acquérir des richesses & du

crédit sans égard pour le bonheur
des autres & les vertus sociales
paroîtront n'avoir aucune influence sur leur conduite ; toutes
leurs actions paroîtront produites
par l'amour du luxe & des richesses : ils auront mille degrés de force pour aller à tout ce qui augmentera leurs richesses & leur crédit
ou leur luxe, & ils n'auront qu'un
degré de force pour les empêcher
de faire le malheur de leurs concitoyens, & des autres hommes.

Pour résister à cette force, il
faudroit examiner, si les richesses,
la puissance & le luxe sont nécessaires au bonheur, s'ils n'y sont pas
contraires; lorsqu'on se les procure
aux dépens du bonheur des autres, si les vertus sociales, même
obscures & ignorées du public ne
sont pas le seul moyen d'être heureux : or ces hommes n'ont jamais
eu le moindre doute sur tous ces
objets. C'est chez eux un principe
fondamental

fondamental, une vérité premiere, que le plus grand des biens, & le seul moyen d'être heureux, c'est d'acquérir des richesses, du crédit, & de vivre dans la mollesse, dans le luxe & dans le faste. Ces hommes ne font donc aucun usage de leur liberté, pour résister au desir des richesses, du crédit & de la magnificence : leur vie n'est qu'une suite d'actions, toutes produites par leur intérêt particulier, & presque toutes dirigées contre le bonheur général.

Les Citoyens vertueux qui exerceroient quelque portion d'administration dans ces états, prendroient le parti de l'humanité, de la justice, & de la bienfaisance ; ils proposeroient des moyens d'administration, toujours désaprouvés par leurs supérieurs, par leurs égaux & par leurs inférieurs ; les hommes en place ne combattroient les principes de justice &

Tome II.   P

de droit naturel qu'on leur oppo-
seroit que par le droit du plus
fort, par la maxime qui porte
que tout appartient au puissant,
& ce seroit d'après ces principes
qu'ils exerceroient l'autorité dont
ils seroient dépositaires; le droit
naturel & les principes de sociabilité ne seroient à leurs yeux que
des chimères; la force seule feroit pour eux le juste, ils ne con-
noitroient point d'autre droit public.

L'histoire qui ne transmet communément que les actions des
personnes puissantes, & celles qui
ont rapport au public, n'offre
donc communément qu'une masse énorme de méchancetés, de
vexations, de noirceurs, d'usur-
pations générales & particulières,
& un oubli presque total des principes de la sociabilité, dans les
Nations où dominent l'amour du
luxe & des richesses, ou re-

gnant les passions & l'ambition. C'est dans ces archives de la perversité du genre humain, que le méchant, l'homme avide, l'homme livré au luxe, le voluptueux, l'intriguant, l'égoïste & l'homme inutile va chercher l'apologie de ses injustices, de ses vexations, de ses manœuvres, de son insensibilité. C'est sur ces autorités qu'il se fonde, pour avancer que les hommes naissent injustes, malfaisants, & qu'ils n'ont de loi naturelle que de procurer leur bonheur, même aux dépens du bonheur de leurs semblables. Mais il est aisé de voir, par ce que nous avons dit, combien leurs prétentions sont injustes. L'histoire nous montre des siècles, pendant lesquels les vertus sociales dominent chez plusieurs Nations: on les a vues dominantes chez des peuples que l'on cite en exemple, pour prouver que

les hommes ont toujours été malfaifants, & qu'ils le font effentiellement.

Lors même que les hommes fe
font pervertis, & que les fociétés
fe font corrompues, la vertu n'a
pas difparu fur la terre.

Entre ces deux claffes d'hommes, en qui l'extrême indigence,
ou l'amour exceffif du luxe, des
richeffes, du crédit, rendent inutiles & impuiffants les principes
naturels de la fociabilité, on voit
dans tous les temps des Citoyens
qui regardent les vertus fociales
comme la fource de leur bonheur, & que ni l'efpérance d'une
grande fortune, ni la crainte de
la perte de leurs biens & de leur
vie, ne peut rendre ni méchants,
ni injuftes, ni faux. Le fait que
j'avance ici, ne peut être contefté
que par ceux qui n'ont jamais vu
que des méchants, & qui n'ont
jamais lu l'hiftoire, ou qui n'ont

jamais fait attention aux exemples de vertus qu'elle offre, & qui n'y cherchoient que des crimes & des vices.

Il n'est peut-être point d'homme qui n'ait eu sous les yeux des exemples de ces vertus ; il n'est peut-être point de méchant, d'avare, d'intriguant & d'ambitieux qui n'ait rencontré des hommes qu'il s'est inutilement efforcé de séduire.

Mais dans les Nations où domine l'amour du luxe, du crédit & des richesses, ces hommes ne sont pas empressés de se montrer, & ne publient point la résistance qu'ils ont faite aux méchants qui vouloient les gagner ; souvent le méchant les décrie, ou les opprime ; ils craignent que leur propre vertu n'échoue ou ne s'altere dans les dignités & dans les emplois ; ils se refugient dans l'obscurité comme dans un asile. Le

malheureux les connoît & les révere, il trouve en eux des protecteurs, des bienfaiteurs, des con-
folateurs; mais ces hommes vertueux n'exiftent point pour l'homme important, pour l'homme
conftitué en dignité, pour l'homme brûlé de la foif des richeffes,
ou livré au luxe & à la frivolité.
Quel befoin ont ces hommes de
connoître l'homme vertueux? &
quel befoin l'homme vertueux a-
t-il de s'approcher & de se faire
connoître du grand & de l'homme puiffant, dans une Nation où
regne l'amour du luxe & des richeffes.

Mais enfin, dira-t-on, il n'y a
peut-être pas un homme qui ne
viole les principes de la fociabilité, même parmi ceux auxquels vous donnez le nom de vertueux.

J'en conviens, mais je fuis bien
éloigné d'en conclure que les ver-

tus sociales n'exiftent pas. L'amour
des richeffes, la paffion du luxe,
le defir du crédit & de la célébrité; l'ambition, l'orgueil, la vanité
dominent dans prefque toutes les
Nations de l'Europe; nous naiffons tous au milieu de ces principes, ils agiffent fur nos ames,
prefqu'au moment de notre naif-
fance & nous communiquent prefque toujours un peu de la corruption générale : ce font les motifs
par lefquels on nous excite au travail & à l'application dans l'enfance, & avant que nous puiffions réfléchir. Ces motifs prennent donc
de l'empire fur tous les hommes
d'une Nation corrompue; mais
ils n'éteignent point les vertus fociales dans toutes les ames. S'il n'y
a point de fociété dans l'Europe,
où l'amour des richeffes, du luxe
& du crédit ne domine, il n'en
eft point où les principes d'humanité, de bienfaifance, foient in-

connus ou éteints, d'où les principes de sociabilité soient bannis. Nulle part on ne voit des hommes absolument inhumains, méchants, & cruels.

Envain prétendra-t-on avec Hobbes, que les hommes féroces & cruels par nature, font devenus bienfaisants par intérêt : car on conçoit bien que la crainte du mal ou l'espérance de quelqu'utilité, peut empêcher qu'un être méchant par nature ne fasse du mal, ou le porter à faire du bien ; mais il est impossible qu'il fasse le mal avec répugnance, & le bien avec goût. Il est impossible qu'il éprouve du plaisir lorsqu'il fait du bien ; s'il a un amour invincible pour le mal, il est impossible qu'il ressente de la douleur lorsqu'il fait le mal, s'il est porté par un penchant naturel à faire le mal. Il doit faire le bien qui lui est utile, avec la même répugnance qu'il éprouve

lorfqu'il prend une médecine défagréable & falutaire.

Aimer, c'eft comme nous l'a-
vons dit, éprouver du plaifir ou
de la joie, lorfqu'on voit un objet,
lorfqu'on en jouit, lorfqu'on y pen-
fe, lorfqu'on en parle. Si l'homme
aime effentiellement le mal des
autres, il doit éprouver de la joie,
ou du plaifir toutes les fois qu'il
leur fait du mal, toutes les fois
qu'il voit qu'ils reffentent de la
douleur; il ne doit agir que pour
faire du mal. Or les hommes,
même ceux qui font malfaifants
dans les fociétés où regne le luxe,
ne font point le mal pour fe procurer le fpectacle des fouffrances
& du malheur des autres. Ils éprouvent au contraire un fentiment
de chagrin & de douleur, à la
vue de leurs maux. Le recit feul
des barbaries & des cruautés les
émeut, les irrite & leur rend odieux
ceux qui les ont commifes, ce

qui seroit impossible si l'homme aimoit naturellement & essentiellement à faire du mal à ses semblables, & à les voir souffrir.

Si l'homme haïssoit naturellement & essentiellement ses semblables, il éprouveroit de la tristesse & du chagrin, toutes les fois qu'il les verroit heureux; c'est selon Spinosa même, l'effet nécessaire de la haine. Cependant les hommes voient avec plaisir le bonheur de leurs semblables; ils éprouvent du plaisir & de la joie lorsqu'ils le procurent, lorsqu'ils le voient; le recit des actions bienfaisantes leur cause de la joie, ils estiment, ils reverent ceux qui se devouent au bonheur des autres, & qui le procurent. S'ils haïssoient naturellement les autres hommes, s'ils aimoient naturellement à les voir souffrir, ils souffriroient à la vue de leur bonheur, ils haïroient ceux qui le procurent, ce qui est contraire à l'expérience générale.

Le sentiment qui suppose que l'homme est essentiellement ennemi de son semblable & qu'il naît es-
sentiellement malfaisant, est donc
démenti par les faits & par l'expérience.

Tous les hommes en rentrant
en eux-mêmes, peuvent découvrir cette vérité; tous peuvent en
réfléchissant, connoître qu'ils sont
destinés à vivre en paix, à procurer le bonheur de leurs semblables,
& à trouver leur propre bonheur
dans la pratique de toutes les vertus sociales. Les principes de sociabilité sont donc en effet des
Loix naturelles, & l'on peut dire à
tous les hommes, comme Moyse
dit aux Israélites : « Ces Loix ne
» sont point au-dessus de vous, ni
» hors de votre portée. Elles ne
» sont point dans le Ciel pour que
» vous puissiez dire, Qui montera
» jusqu'au Ciel, y prendra ces Loix,

» pour nous les apporter, ensorte
» que nous les écoutions & que
» nous les accomplissions? Elle n'est
» point au-delà de la mer, pour
» que vous puissiez dire, Qui pé-
» nétrera pour nous, jusqu'au-delà
» de la mer, & y prendra cette
» Loi pour nous l'apporter; ensor-
» te que nous l'écoutions & que
» nous l'accomplissions? Car la pa-
» role de cette Loi est tout proche
» de vous, elle est dans votre bou-
» che & dans votre cœur (1).

Philosophes, Orateurs, Histo-
riens, Poëtes, Littérateurs, ap-
prenez ces vérités à tous les hommes; rendez-les sensibles & palpa-
bles pour tous les ordres de la société; dissipez dans tous les esprits
les préjugés qui les obscurcissent:
la communication continuelle de
tous les Peuples de l'Europe entre eux, la société que forment

____

(1) Deuteron, c. 30. v. 11. &c.

entre eux tous les hommes de lettres des différents pays ; la relation qui est entre toutes les conditions, le goût de la lecture presque général dans l'Europe, vous procurent les moyens de manifester ces vérités à tous les hommes ; de les porter jusqu'au thrône, & de les faire passer jusque dans les derniers ordres des Citoyens : osez former le noble projet de rétablir dans l'Europe & sur la terre, le regne des vertus sociales, en faisant connoître à tous les hommes que sans ces vertus il n'y a ni paix ni bonheur pour les sociétés & pour les Citoyens.

Ce sont les instructions, les méditations, les écrits des Sages de la Chine, qui, depuis trois mille ans, y conservent les vertus sociales & le bonheur ; ce sont leurs instructions qui conservent dans cet Empire le même gouvernement établi par *Y-a-o* son fonda-

teur : mille fois les Chinois ont pû
donner des bornes à la puissance
de leur Souverain, & jamais ils ne
l'ont tenté : persuadés que l'homme n'est point naturellement malfaisant, & que la tendresse paternelle, la pieté filiale, sont les sentiments les plus puissants sur le
cœur de l'homme, & les plus propres à le rendre heureux ; ils ont
voulu que le Souverain conservât
toujours sur eux l'autorité paternelle sans restriction, & que les
sujets eussent toujours pour lui la
soumission filiale dans toute son
étendue, afin que les Souverains
vissent toujours leurs enfants dans
leurs sujets, & que les sujets vissent
toujours un pere dans leur Souverain.

C'est ainsi que les Philosophes
Chinois, répandus dans tout l'Empire, ont tenu leurs Concitoyens
dans la plus parfaite soumission,
sans qu'ils aient eu l'humiliation

l'abaissement & les malheurs de
l'esclavage; c'est ainsi qu'ils ont
fait jouir le Souverain de l'autorité
la plus illimitée, sans autoriser la
tyrannie. La vérité enseignée continuellement & constamment par
eux dans tout l'Empire, a tenu les
Souverains & les sujets dans l'état
de famille, & les y a ramenés facilement lorsque les passions & les
vices les en ont écartés : semblables à l'attraction qui tient les élémens & les corps dans la place
qu'ils doivent occuper pour produire l'harmonie du spectacle de
la nature, & qui n'empêche pas
qu'il ne s'excite des tempêtes &
des orages, mais dont l'action
continuelle & imperceptible sur
toutes les parties de la matiere,
remet tous les élémens dans leur
place, & rétablit le calme & l'ordre dans la nature.

Il n'y a peut-être point d'erreur
moins philosophique & plus dan-

gereuſe que le ſentiment de ceux qui prétendent qu'il ne faut point éclairer les hommes.

FIN.